OS 10 PECADOS MORTAIS DO MARKETING

CAUSAS, SINTOMAS E SOLUÇÕES

OS 10 PECADOS MORTAIS DO MARKETING

CAUSAS, SINTOMAS E SOLUÇÕES

Tradução
Ricardo Bastos Vieira
Professor da Escola Superior de Propaganda e Marketing

9ª Edição

ELSEVIER

CAMPUS

Do Original:
Ten Deadly Marketing Sins
Tradução autorizada do idioma inglês da edição publicada por John Wiley & Sons, Inc.

Editoração Eletrônica: Estúdio Castellani
Copidesque: Ana Maria Badaró
Revisão Gráfica: Mariflor Brenlla Rial Rocha e Edna Rocha

Projeto Gráfico
Elsevier Editora Ltda.
A Qualidade da Informação.
Rua Sete de Setembro, 111 – 16º andar
20050-006 Rio de Janeiro RJ Brasil
Telefone: (21) 3970-9300 FAX: (21) 2507-1991
E-mail: *info@elsevier.com.br*
Escritório São Paulo:
Rua Quintana, 753/8º andar
04569-011 Brooklin São Paulo SP
Tel.: (11) 5105-8555

ISBN 13: 978-85-352-1503-8
ISBN 10: 85-352-1503-4
(Edição original: ISBN 0-471-65022-6)

Nota: Muito zelo e técnica foram empregados na edição desta obra. No entanto, podem ocorrer erros de digitação, impressão ou dúvida conceitual. Em qualquer das hipóteses, solicitamos a comunicação à nossa Central de Relacionamento, para que possamos esclarecer ou encaminhar a questão.

Nem a editora nem o autor assumem qualquer responsabilidade por eventuais danos ou perdas a pessoas ou bens, originados do uso desta publicação.

Central de Relacionamento
Tel: 0800-0265340
Rua Sete de Setembro, 111, 16º andar – Centro – Rio de Janeiro – CEP.: 20050-006
e-mail: *info@elsevier.com.br*
site: *www.elsevier.com.br*

CIP-Brasil. Catalogação-na-fonte.
Sindicato Nacional dos Editores de Livros, RJ

K74d

Kotler, Philip, 1931-
Os 10 pecados mortais do marketing : causas, sintomas e soluções / Philip Kotler ; tradução de Ricardo Bastos Vieira. – Rio de Janeiro : Elsevier, 2004 – 9ª Reimpressão.

Tradução de: Ten deadly marketing sins
ISBN 85-352-1503-4

1. Marketing – Administração. I. Título.

04-1408. CDD – 658.8
CDU – 658.8

Dedico este livro a meus seis netos Jordan, Jamie, Ellie, Olivia, Abby e Sam, a quem muito amo.

Agradecimentos

Este livro se baseia em muitos anos de trabalho com consultorias e clientes individuais. Gostaria de agradecer particularmente a Hamilton Consultants of Cambridge (www.hamiltonco.com). Uma versão original dos 10 problemas mais comuns foi criada por Will Rodgers, co-autor de um dos meus livros, *Marketing Audit*, e por seus colegas na MAC Group e na Hamilton Consultants. Eles fundamentaram suas conclusões nos resultados de mais de 75 auditorias de marketing de unidades de negócio, realizadas durante um período de 15 anos. A Hamilton promoveu modificações no relatório e criou o que denomina "Melhoria dos lucros com base no mercado", em que são feitas associações entre os resultados encontrados e seu impacto nas receitas das empresas. Utilizei a lista das principais deficiências de marketing como trampolim para o desenvolvimento deste livro.

Quero agradecer também ao Kotler Marketing Group, de Washington D.C. (www.kotlermarketing.com) por seu comprometimento com a identificação das principais deficiências de marketing e a proposta de soluções inovadoras. O Kotler Marketing Group concentra a sua atuação em marketing estratégico e já trabalhou para grandes clientes como AT&T, IBM, JP Morgan, Northwestern Mutual, Weyerhaeuser, Baxter, Pfizer, Shell Chemical, Ford, McDonald's, Michelin e SAS Airlines. O presidente e fundador da instituição, Milton Kotler, tem mostrado uma excepcional imaginação em marketing, com um pensamento original e não-convencional orientador de soluções para as empresas.

Sumário

Introdução

A situação atual do marketing

O marketing vai mal. Não a teoria, mas a prática. Cada novo produto ou serviço necessita ser apoiado por um plano de marketing que resulte em um bom retorno e que cubra os investimentos correspondentes de tempo e dinheiro. Por que, então, 75% dos novos produtos, serviços e negócios fracassam?[1] Isso acontece, apesar de todo o trabalho de pesquisa de mercado, desenvolvimento e teste do conceito, análise do negócio, desenvolvimento e teste do produto, teste de mercado e lançamento comercial.

O marketing supostamente determina a estratégia de negócio. O trabalho dos profissionais da área é investigar, por meio de *pesquisas*, novas oportunidades para a empresa e aplicar cuidadosamente as técnicas de *segmentação, targeting e posicionamento* (STP) para indicar o caminho certo em direção ao novo negócio. Em seguida, os *4Ps – Produto, Preço, Praça e Promoção* – devem ser delineados cuidadosamente para que sejam consistentes entre si e contemplem a estratégia de STP. Finalmente, o plano deve ser *implementado* e seus resultados *monitorados*. Quando esses resultados são divergentes em relação às expectativas, os profissionais de marketing devem decidir se a culpa foi da má implementação, do mix de marketing incoerente, do STP equivocado ou de uma pesquisa incompetente.

Ocorre que hoje é cada vez mais comum o marketing não ser responsável por todo esse processo, que é conduzido por uma mistura de profissionais de marketing, estrategistas, representantes da área financeira e da operação. De alguma forma quando um novo produto ou serviço é criado cabe ao marketing exercer a sua verdadeira missão aos olhos do outros órgãos da empresa: promoção e vendas. Ou seja, em vez de quatro, a maior parte da atividade fica reduzida a um único P (promoção). Como a empresa acaba desenvolvendo um produto que não vende, a tarefa principal do marketing passa a ser limpar a sujeira com promoções de varejo (*hard sell*) e propaganda.

Eis um exemplo de marketing de um único P. Perguntei ao vice-presidente de marketing de uma grande empresa aérea se ele estabelecia tarifas:

> *"A área financeira faz isso."*
> *"Você tem alguma influência no cardápio de bordo?"*
> *"Não, isso é tarefa do catering."*
> *"A sua opinião é ouvida quando se estabelecem os critérios de seleção do pessoal de bordo?"*
> *"Não, fica tudo por conta dos recursos humanos."*
> *"E a limpeza das aeronaves?"*
> *"Trabalho da área de manutenção."*
> *"Você faz o quê, então?"*
> *"Gerencio a propaganda e as vendas."*

Obviamente, essa companhia aérea vê o marketing como uma função de um único P.

Pior do que isso: o marketing não está conseguindo obter bons resultados com a propaganda e as vendas, como poderá confirmar qualquer CEO cujos cabelos ficam arrepiados quando chega a conta de propaganda em um período desfavorável, de vendas estagnadas ou decrescentes. "Em que a propaganda nos ajudou?", este pergunta ao vice-presidente de marketing. Na melhor das hipóteses, ele poderá responder que poderia ter sido pior se nada fosse feito. "Mas, em termos de investimento, qual foi o retorno para a empresa?" A resposta não será satisfatória.

É compreensível que os CEOs se tornem cada vez menos tolerantes em relação ao marketing: eles sabem exatamente como estão sendo empregados seus investimentos em finanças, produção, informação e tecnologia, mas desconhecem seus gastos com marketing. Para eles o marketing abrange uma cadeia mais complexa de eventos em que é difícil definir causa e efeito. No entanto, há sinais de progresso na teoria e algumas empresas estão conseguindo colocá-lo na prática. Por que então não colocá-lo em prática em sua própria empresa?

Tudo indica que o marketing será mais desafiador no futuro. Considere o seguinte:

- É cada vez mais difícil para as grandes marcas conseguir um preço premium adequado para cobrir os custos de sua construção. Por quê? A Wal-Mart e seus imitadores estão impondo a seus fornecedores um pressuposto para a manutenção de suas relações comerciais: uma diminuição acentuada dos preços. Além disso, os megavarejistas trabalham cada vez mais com marcas próprias que já estão atingindo um nível de qualidade equivalente ao das grandes marcas nacionais. Marcas próprias não precisam de gastos com pesquisa, propaganda e vendas. O que temos ouvido falar é que a Geração Y* é mais cética em relação à propaganda. Em seu livro, *Sem logo*, Naomi Klein faz muita gente pensar sobre quanto se deve pagar pelas marcas mais anunciadas e que efeitos a construção estridente de marcas teria nos custos da sociedade.[2]
- As empresas vêm adotando o relacionamento com clientes (CRM)** como a última panacéia para seus males. Isso significa coletar informações sobre consumidores para tentar descobrir o que eles estariam mais tentados a comprar. Contudo, existem crescentes restrições à práti-

---

**Nota do Tradutor*: a "*Geração Y*" caracteriza os norte-americanos de 8 aos 21 anos (crianças, adolescentes e jovens adultos) que têm aspirações claras e grande otimismo quanto ao futuro. Não têm emprego fixo, vivem com os pais e recebem mesada ou dinheiro proveniente de algum trabalho temporário. Em conjunto têm um poder de compra estimado em cerca de US$210 bilhões/ano. Gastam rápido e depressa, mas economizam cerca de 20% para compras futuras.

***Nota do Tradutor*: CRM – Customer Relationship Management.

ca de colecionar informações pessoais. Ademais, o público-alvo está cada vez mais irritado com malas diretas, e-mails e telefonemas. Na verdade, o Congresso dos Estados Unidos aprovou uma lei que dá aos cidadãos o direito de não receber ligações com fins comerciais. As empresas recalcitrantes estão sujeitas a uma multa de US$11 mil. As organizações farão bem se passarem a adotar tão logo seja possível o marketing de permissão ou o marketing de opção (*opt-in marketing*).

- Um programa de fidelização parece uma boa idéia. Funciona bem para quem sai na frente. Contudo, a concorrência fica sem escolha a não ser imitar a iniciativa. Atualmente, a maioria dos homens de negócio tem Visa, MasterCard e American Express e ganha pontos de milhagem voando pela American, United ou Delta.

- Não importa o quanto uma empresa consiga baixar os custos de produção de seu produto em casa. Este não será mais barato que o seu similar chinês. A China é capaz de fabricar qualquer coisa a um custo menor e já está começando a fazê-lo com qualidade comparável. O país terá o poder de repetir o feito japonês: melhor qualidade a menores preços. Essa constatação foi um choque para os países latino-americanos e os do Leste europeu que tentavam atrair investimentos tendo como argumento a mão-de-obra barata. Fábricas de automóveis e outras indústrias têm fechado suas portas no México para migrar para a China. Naturalmente, os fabricantes americanos transferirão suas unidades industriais nos Estados Unidos para localidades mais baratas, o que contribuirá para o problema do desemprego no país. Menos emprego significa menor poder de compra e menos vendas, criando um círculo vicioso.

- Os custos do marketing de massa estão em ascensão, embora sua eficácia seja cada dia menor. As redes de televisão aumentam os preços das inserções comerciais na mesma proporção em que as pessoas deixam de prestar atenção aos anúncios, nem que seja ignorando-os ou fazendo zapping.* Isso está forçando os profissionais de marketing a encontrar mídias mais eficazes.

- "Diferenciação, diferenciação, diferenciação." Este sempre foi o grito de guerra dos especialistas em marketing. O professor Theodore Levitt afirmou há alguns anos que é possível diferenciar qualquer coisa, até sal e cimento. O problema apresenta duas vertentes. Muitas diferenciações não têm qualquer interesse para o cliente – são espúrias ou desinteressantes. E, mais grave, a concorrência é capaz de copiar qualquer diferenciação eficaz, levando os produtos inovadores a ter ciclos de vida mais curtos, insuficientes para a recuperação dos investimentos neles realizados.

- Os consumidores estão mais bem informados e seus hábitos de compra mais sofisticados. O Sr. Jones, que deseja comprar uma câmera digital Nikon Coolpix 4300, entra no site www.mysimon.com e encontra mais de 25 lojas online oferecendo o produto. A diferença de preços pode ser chocante: variam de US$339 a US$449! O consumidor está sendo treinado para ter uma consciência de preço. Fazer compras online não significa confiabilidade ou diferenças de serviço, mas apenas isso: preço. Também devemos levar em consideração que os consumidores de hoje entram em uma revenda de automóveis armados de informações sobre quanto exatamente o carro deverá custar. Alguns até entram no

---

**Nota do Tradutor*: Mudar de canais com rapidez usando o controle remoto da televisão.

site Priceline.com e declaram quanto estão dispostos a pagar por um veículo com tais e tais características e se há algum revendedor que aceite a sua oferta.

- Durante períodos recessivos, as organizações continuam a cortar suas despesas com marketing, exatamente a atividade da qual as vendas dependem. Entretanto, como poderíamos culpar a corporação se o marketing não produz os dados necessários para a aferição do retorno de seus gastos?

Poderíamos continuar, mas creio que já firmamos o nosso argumento: os profissionais de marketing enfrentarão desafios crescentes na tentativa de preservar as margens da empresa e atingir metas de lucratividade. Para piorar as coisas, do ponto de vista do marketing, são muitas as empresas cuja estrutura organizacional é ineficiente. Acresce a ineficácia com que enfrentam esses desafios. É a receita do desastre.

Decidi assumir a tarefa de identificar as deficiências mais evidentes do marketing, aquelas que impedem o sucesso de uma organização no mercado. Encontrei 10 e as denominei *Os 10 pecados mortais do marketing*. As empresas precisam considerar duas coisas. Primeiro, quais seriam os *sinais* indicadores de que a organização está cometendo um determinado pecado? Segundo, quais são as *soluções* mais indicadas para superar o problema?

Se eu fosse o responsável pela gestão de uma empresa sentaria com meus colegas e analisaria cada um desses 10 pecados. Selecionaríamos os mais sérios e, em seguida, determinaríamos as melhores soluções para cada caso. Nomearia um executivo sênior como responsável pela melhoria de nossa performance, de acordo com essas decisões. Reconheceria que algumas dessas deficiências exigiriam investimentos continuados por um longo período e se estes fossem necessários para alcançarmos o sucesso, eu os bancaria.

Basicamente, acredito que o papel do marketing não deveria ser o de vender, e sim criar produtos que se vendam. Os profissionais de marketing precisam estar capacitados para identificar oportunidades (isto é, necessidades não atendidas ou soluções que aumentem a qualidade de vida) e também para desenvolver e implementar planos que sejam bem-sucedidos no mercado. Quero que o marketing recupere o seu verdadeiro papel: liderar a estratégia de negócios.

Enfim, aqui estão Os 10 pecados mortais do marketing.[3]

Os 10 Pecados Mortais do Marketing

1. A empresa não é suficientemente focada no marketing e orientada para o cliente
2. A empresa não entende o seu público-alvo
3. A empresa não monitora os seus concorrentes
4. A empresa gerencia mal as suas relações com os stakeholders
5. A empresa não é boa em encontrar novas oportunidades
6. O processo de planejamento de marketing da empresa é deficiente
7. As políticas de produto e serviço da empresa necessitam de ajustes
8. Os esforços de comunicação e de construção de marcas da empresa são fracos
9. A empresa não está adequadamente organizada para a prática do marketing
10. A empresa não usou ao máximo a tecnologia disponível

Notas

1. Doug Hall, *Jump Start Your Busines Brain* (Cincinnati, OH: Brain Brew Books, 2001), p. 3.

2. Naomi Klein, *No Logo* (Londres: Flamingo, 2000).
3. Existem mais de 136 livros listados na Amazon.com com as palavras "Deadly Sins".* Entre os poucos da área de negócios podemos citar, David L. Dotlich e Peter C. Cairo, *Por que os executivos falham?*, e Jonathan Ellis e Rene Tisen, *The Seven Deadly Sins of Management* (Londres: Profile Books, 2003).

**Nota do Tradutor:* "Pecados Mortais".

Capítulo 1

Sua empresa não é suficientemente focada no marketing e orientada para o cliente

Neste capítulo destacamos os dois lados da mais paralisante deficiência na maioria da empresas. Acreditamos que sua empresa não tenha adquirido insight suficiente das oportunidades de mercado. Ou então que não esteja adequadamente organizada para servir e entregar aquilo que os seus clientes-alvo desejam ou esperam.

FOCO INSUFICIENTE NO MERCADO

Quais seriam os sinais de que os seus profissionais de marketing não analisaram suficientemente o seu mercado?

> **Sinais**
>
> - Identificação malfeita dos segmentos de mercado.
> - Priorização insuficiente dos segmentos de mercado.
> - Inexistência de gerentes de segmentos de mercado.

Identificação malfeita dos segmentos de mercado

Perguntamos: "Para quem você está tentando vender o seu produto?". Por favor, não diga "Para todo mundo". Essa não é uma resposta válida.

> *Quando fiz essa pergunta para altos executivos da megacadeia de lojas de departamentos Sears, lembro-me de ter ouvido a seguinte resposta: "Vendemos para todo mundo. Todos compram alguma coisa em nossas lojas... roupas, ferramentas, eletrodomésticos...". Perguntei em seguida: "É comum que jovens adolescentes venham comprar roupas na Sears?". "Eles não apare-*

cem tanto quanto gostaríamos, mas suas mães, com certeza, fazem isso para eles." "Então existem grupos que fazem mais compras na Sears do que outros." "Sim, temos de admitir." "E por que não se concentrar naqueles que realmente gostam de suas mercadorias e serviços, em vez de tentar atrair a todos?" Ninguém teve resposta.

Felizmente, a maioria das empresas não responde "todo mundo", o que não significa que estejam corretamente focadas. Uma loja de roupas femininas poderá dizer, "Vendemos para mulheres de 20 a 50 anos de idade". Respondo: esse é um grupo bem grande cujas necessidades são bem variadas. Mulheres mais jovens provavelmente usarão roupas da moda, enquanto o grupo de mais de 35 anos, roupas utilitárias para vestir em casa e no trabalho.

Circula uma história de como Les Wexner teria chegado ao sucesso com a The Limited, cadeia de lojas de moda feminina. O pai de Les era proprietário de um negócio destinado à venda de todos os tipos de vestidos para mulheres de todas as idades. Quando estudava na Universidade de Ohio State, o jovem aprendeu o que era segmentação. Perguntou então a seu pai: "Por que oferecemos tantos vestidos para uma variedade tão grande de mulheres?". A resposta foi óbvia: "Como poderei saber que tipo de mulher entrará na loja? Les, acho que estou gastando dinheiro à toa mandando você para a universidade". Quando Les assumiu o negócio, resolveu limitar o estoque a mercadorias que pudessem agradar a jovens mulheres de 20 a 30 anos de idade. Ele fez tudo que podia para focalizar esse grupo. Contratou jovens vendedoras da mesma faixa etária, passou a tocar música ambiente adequada a essa geração e a usar cores apropriadas. E rebatizou a loja como The Limited.

Priorização insuficiente dos segmentos de mercado

Muitas empresas efetivamente identificam diferentes segmentos de mercado e produzem ofertas destinadas a cada um deles. Assim, uma indústria de alumínio poderá comercializar seus produtos para fábricas de aviões, automóveis, mobiliário de cozinha ou para a construção civil. Minha dúvida é se teria sido feita uma medição da atratividade relativa desses segmentos, pois obviamente a indústria de alumínio está investindo recursos para atendê-los especificamente. Será que o provável retorno sobre o investimento (ROI)* de cada segmento foi estimado? Houve uma priorização de segmentos e uma realocação de recursos para aqueles mais lucrativos?

Inexistência de gerentes de segmentos de mercado

Os segmentos mais importantes deveriam ter gerentes com *empowerment*** para solicitar recursos que, segundo sua avaliação, possam produzir uma taxa de retorno de acordo com a meta da empresa. Caso isso ocorra, esses executivos deverão ser recompensados adequadamente. Entretanto, são poucas as empresas que designam claramente um líder para gerenciar os segmentos mais importantes.

Soluções

- Adote técnicas mais avançadas de segmentação, como segmentação por benefícios, por valor ou por fidelidade.
- Priorize os segmentos mais importantes.
- Especialize as equipes de vendas.

**Nota do Tradutor*: ROI – Return Over Investments.

***Nota do Tradutor*: Literalmente "dar poder". É quando a empresa delega a seu empregado responsabilidades maiores que as normais, como organizar o trabalho à sua maneira, tomar decisões autonomamente etc.

Precisa-se: Melhores técnicas de segmentação em marketing

A maioria das empresas poderia fazer uma segmentação do mercado melhor do que a atual, normalmente pára no nível demográfico ou descritivo. Um determinado grupo demográfico, digamos, homens de 30 a 50 anos de idade, geralmente é composto por pessoas inteiramente distintas, com uma enorme variedade de necessidades, preferências e valores. Essa foi uma descoberta da Ford quando lançou o seu novo modelo Mustang, tendo como alvo os jovens de espírito esportivo. A empresa percebeu que esse público não estava interessado no produto, mas que muitos senhores mais velhos saíram correndo para comprar o carro.

No marketing business-to-business, as empresas tendem a segmentar os compradores por tamanho: grandes, médios e pequenos. Entretanto, se eu quisesse vender softwares de negócios para pequenas empresas seria uma boa idéia começar a fazer uma distinção entre as necessidades de escritórios médicos, de advocacia e de contabilidade. Escolheria uma especialidade e focalizaria nela para me tornar o melhor fornecedor do segmento.

Geralmente, para começar, o melhor é tentar estabelecer segmentos de mercado de acordo com as necessidades e os benefícios esperados. Em seguida, para que a busca por esses prospects seja facilitada, procure descritores demográficos que possivelmente se correlacionem com essas necessidades e benefícios.

Priorize os segmentos!

Suponhamos que sua empresa tenha identificado mais de um segmento. Por exemplo, a IBM vende computadores mainframe para clientes de numerosas indústrias, o que não a impediu de reconhecer que determinados segmentos eram muito mais importantes que outros. Ao listar as 12 principais indústrias onde faria foco – entre as quais bancos, seguros, hotéis, telecomunicações e transportes – foi possível conceber produtos mais atraentes do que a concorrência não focada.

"Verticalize" a sua força de vendas

Se os segmentos de consumidores são diferentes entre si, então seria uma boa idéia formar forças de vendas especializadas. A IBM aprendeu, faz tempo, que vender um sistema de computadores enviando o mesmo representante pela manhã para um banco e à tarde para uma cadeia de hotéis não resulta em muitos negócios. Seus vendedores sabiam muito pouco sobre as necessidades de bancos e hotéis. Assim, a IBM descobriu que para vender computadores para esses clientes melhor faria se contratasse ex-bancários e ex-empregados de hotéis, que tinham profunda experiência nesses segmentos, além de um network de relacionamentos. Isso os colocava em uma posição muito mais vantajosa para vender com eficácia.

A DuPont também aprendeu o quanto era importante organizar os clientes por segmento. Na sua divisão de fibras, a prática era ter vendedores especializados em nylon, orlon e dracon. Esperava-se que um vendedor de nylon, por exemplo, soubesse tudo sobre todas as indústrias consumidoras desse produto, como a de vestuário feminino, mobiliário, velas para embarcações, pneumáticos etc. Após uma reorganização, a DuPont passou a ter vendedores especializados em cada um desses mercados. Os profissionais podem vender qualquer tipo de fibra, de acordo com a necessidade do cliente.

O recado: defina os seus segmentos cuidadosamente, priorize-os e designe gerentes para os segmentos mais importantes.

INSUFICIENTE ORIENTAÇÃO PARA O CLIENTE

Quais são os sintomas de que sua empresa não está suficientemente organizada para atender seus clientes de forma especialmente satisfatória? Eis os sinais.

Sinais

- A maior parte dos empregados acredita que atender a clientes seja uma tarefa do departamento de marketing e vendas.
- Inexistência de programas de treinamento que criem cultura de cliente.
- Inexistência de incentivos para quem der um tratamento excepcional ao cliente.

Adquirir, atender e satisfazer os clientes é tarefa do departamento de marketing e vendas

As empresas descobriram que é conveniente organizar seus empregados em departamentos concebidos para a execução de responsabilidades específicas. Uma cientista gastará o seu tempo em um laboratório e não com clientes; um engenheiro ficará na fábrica e não com clientes; um funcionário do departamento de compras estará com o pessoal de vendas, não com clientes; contadores e auditores estarão preocupados com números e não com clientes.

O resultado é que as pessoas que trabalham nesses departamentos supõem naturalmente que um outro departamento – marketing e vendas – é quem cuidará dos clientes. Entretanto, sabemos que qualquer departamento poderá prejudicar as relações com os clientes que ficam furiosos quando o produto apresenta defeito, quando a entrega atrasa e quando a fatura está errada. A empresa perde seus clientes sem que o marketing tenha qualquer culpa.

Treinamento desnecessário de outras pessoas

Treinar pessoas de outros departamentos para que tenham uma mentalidade voltada para clientes é caro. É preciso montar cursos, pagar professores. Os empregados devem abandonar por algum tempo suas importantes atividades para ouvir alguém falar sobre clientes.

Não há sistemas de aferição, incentivos e nem sanções que visem o aperfeiçoamento do serviço aos clientes

As pessoas sabem como são avaliadas pelos seus departamentos, e isso é o que conta. Seu comportamento será de acordo. Na ausência de indicadores claros a respeito do impacto de suas ações sobre os clientes, esses serão ignorados no dia-a-dia.

Soluções

- Desenvolva uma hierarquia clara de valores tendo os clientes no topo.
- Promova atividades que possam produzir maior "consciência de cliente" nos empregados e nos agentes da empresa.
- Facilite o acesso dos clientes à empresa por telefone, fax ou e-mail. Responda com rapidez a perguntas, sugestões e reclamações.

Desenvolva uma hierarquia clara de valores da empresa tendo o cliente no topo

Faça a seguinte pergunta aos gerentes de primeira linha: "Qual é o principal grupo a quem o seu árduo trabalho deve satisfazer?". Muitos responderão com rapidez: "Os acionistas. Eles são os donos da empresa. São eles que julgam nosso desempenho, afetam nosso custo de capital, assumem riscos. Sua opinião sobre nós se reflete diariamente na oscilação dos preços de nossas ações. A eles devemos prestar contas e, por isso, devemos raciocinar em termos de valor das ações".

Eu desafiaria essa linha de pensamento sob a argumentação de que tornar os acionistas a nossa principal prioridade é a pior maneira de atendê-los. Prefiro endossar a escala hierárquica da Johnson & Johnson: "Clientes vêm em primeiro lugar e empregados em segundo. É isso que trará os melhores resultados para os investidores".

A cadeia de hotéis Marriott faz um ligeiro reparo a essa seqüência: "Primeiro, contratamos e treinamos os melhores empregados. Se eles estiverem felizes, servirão aos clientes com entusiasmo e competência. Assim, os clientes retornarão aos nossos hotéis. É isso que produzirá os melhores lucros para os investidores". Não admira que Hal Rosenbluth, que dirige uma das maiores agências de viagem do país, tenha escolhido o mesmo tema para o seu livro, que tem o provocador título de *The Customer Comes Second.*[1]

A questão principal está clara: as empresas devem ter obsessão pelos seus clientes e empregados porque se eles não estiverem satisfeitos será melhor abandonar o negócio.

Promova atividades que possam produzir maior "consciência de cliente"

Mudar a orientação de uma empresa é uma tarefa extraordinária. As organizações desenvolvem profundas culturas que valorizam algumas coisas e ignoram outras. Assim, uma empresa orientada para a engenharia terá o seu foco no desenvolvimento de produtos de tecnologia de ponta e nos melhores sistemas de produção como instrumentos para vencer a batalha competitiva. Os engenheiros supõem que os clientes serão atraídos pelos melhores produtos aos menores preços. Essa é uma visão ingênua, pois o conceito de "melhor produto a preços e custos apropriados" pode variar enormemente de acordo com o indivíduo.

Para mudar uma cultura arraigada e colocar o cliente no centro do universo de uma empresa seria necessária uma nova liderança, poderosa e determinada. Podemos apenas sugerir, a seguir, algumas das medidas necessárias:

- *Desenvolva uma hierarquia clara de grupos e de valores.* Já destacamos a importância de se estabelecer e disseminar uma clara hierarquia de grupos de clientes e de valores para o pessoal da empresa.

- *Demonstre como o comportamento de cada empregado poderá afetar os clientes.* Mostre aos empregados de cada departamento como uma ação específica produzida por eles poderá afetar positiva ou negativamente a aquisição ou retenção de clientes. Destaque casos específicos de como a empresa perdeu ou ganhou clientes em função do comportamento de um determinado departamento. Mostre como é preciso que o empregado esteja servindo a clientes direta ou indiretamente.

- *Faça apresentações regulares dos resultados de pesquisas de satisfação de clientes.* Monitore a satisfação de clientes em geral, individualmente e em grupos e em relação a itens específicos (produtos, serviços, preços etc.). Relate os resultados para os vários departamentos com o intuito de inspirá-los a aprimorar-se continuamente a esse respeito. Estabeleça metas e premie os empregados que as atingirem ou as superarem. Junto ao contracheque de cada um, mande imprimir uma frase lembrando que os seus salários são pagos pelos clientes.

- *Institua um programa corporativo de treinamento em serviços e satisfação de clientes.* A empresa poderá implementar cursos rápidos concebidos especificamente para cada departamento no sentido de treinar os seus empregados para atender melhor ao cliente. O objetivo será definir os valores corporativos e da marca e induzir os empregados a "viverem a marca". A determinação dos empregados da Wal-Mart em oferecer produtos ao menor custo possível foi forjada nesses moldes. Os empregados dos hotéis Ritz-Carlton estão empenhados em prestar os melhores serviços com a maior hospitalidade. O pessoal da Volvo está determinado a construir os automóveis mais seguros. A empresa hesitou em acrescentar um sistema global de posicionamento (GPS) a seus veículos por considerá-lo potencialmente perigoso, pois para consultar a tela do aparelho o motorista precisaria tirar os olhos da estrada. Vivendo a marca, seus engenheiros resistiram ao GPS mas, finalmente, criaram um design de tela que tornava a consulta fácil e segura.

- *Certifique-se de que os distribuidores e revendedores também tenham obsessão pelo cliente.* Não ajuda se os empregados de uma empresa forem obcecados pelos clientes, mas seus agentes não. Para que a orientação pelo cliente frutifique, a empresa deve fazer o que for possível para que seus parceiros assumam a mesma postura.

Facilite o acesso dos clientes à empresa

Sempre fico extremamente frustrado quando ligo para um dos maiores varejistas de produtos eletrônicos do país e sou forçado a ouvir uma mensagem de dois minutos para em seguida constatar que é praticamente impossível falar com alguém ao vivo. Quando finalmente consigo estabelecer um contato e pergunto se a loja tem um determinado produto, me pedem para esperar e, depois de três intermináveis minutos, sou informado de que o produto está em falta. E essa loja publica anúncios ressaltando o carinho que tem pelos clientes!

Sua empresa precisa tomar providências para que o atendimento telefônico, por fax e e-mails seja uma experiência extremamente fácil de realizar. Além disso, é necessário estabelecer um alto padrão de rapidez para as respostas. Na Amazon, cartas e e-mails devem ser respondidos no máximo em dois dias e chamadas telefônicas devem ser atendidas em no máximo quatro toques. O custo de um serviço desse nível é pequeno em relação ao custo de perder clientes.

Nota

1. Hal Rosenbluth e Diane McFerrin Peters, *The Customer Comes Second: Put Your People First and Watch 'Em Kick Butt* (Nova York: HarperBusiness, 2002).

Capítulo 2

Sua empresa não tem um entendimento completo dos seus públicos-alvo

Sinais

- Sua última pesquisa de mercado foi feita há três anos.
- Os clientes não estão comprando os seus produtos na quantidade esperada; os produtos da concorrência estão vendendo mais.
- Alto volume de mercadorias devolvidas e de reclamações de clientes.

INFORMAÇÕES DEFICIENTES SOBRE OS PÚBLICOS-ALVO

A primeira pergunta que faço é: "Qual é o seu público-alvo?". Se a resposta não for clara, esse deverá ser o primeiro assunto a estudar.

Se a resposta for clara, peço então para me mostrarem uma cópia da última pesquisa de mercado para que possamos descobrir o que o público-alvo pensa, faz e sente. A pior resposta a esse pedido seria: "Não temos um estudo desse tipo". A segunda pior seria: "Aqui está", acompanhada de um calhamaço encadernado em capa dura, de três anos atrás. Pior: nunca foi aberto ou usado. O comportamento atual dos consumidores não é nem de perto o que era há três anos. Então, havia prosperidade. Hoje, talvez, estejamos no meio de uma recessão. Poderíamos até levantar questionamentos sobre se a metodologia utilizada teria sido a mais indicada para conseguir insights do público-alvo.

A questão é ainda mais desafiadora: Como a sua empresa poderá ouvir continuamente a "voz do cliente"? A melhor resposta seria empenhar-se em estabelecer uma comunicação ininterrupta com os clientes em seus locais de trabalho, nas lojas, por telefone e via e-mail. Assim, a empresa poderá aprender e estará apta a desenvolver ofertas, serviços e mensagens customizadas adequadas a cada tipo de consumidor.[1]

AS VENDAS ESTÃO FICANDO AQUÉM DAS EXPECTATIVAS

O plano de marketing de uma organização estabelece metas de vendas, custos e lucros para um determinado ano, divididas em previsões trimestrais ou mensais. Quando a performance fica abaixo do esperado, as causas devem ser identificadas: será a conjuntura econômica, uma mudança desfavorável das preferências do cliente, um produto superior da concorrência ou uma política de preços equivocada? Como a empresa deverá rever a sua estratégia e seus produtos?

ALTO VOLUME DE MERCADORIAS DEVOLVIDAS E DE RECLAMAÇÕES DE CLIENTES

Um claro sinal de que a empresa não compreende os seus clientes é quando começa a haver um grande número de devoluções de mercadoria e muitas reclamações. O retorno de produtos é resultado da má interpretação ou de deficiências na comunicação de seus produtos. Empresas que vendem por catálogo sofrem quando um produto é devolvido por falta de uma descrição clara de suas características.

Reclamações de clientes podem se originar, por exemplo, de dificuldades na obtenção de informações, preenchimento incorreto da fatura, atendimento grosseiro ou incompetente. Para cada reclamação a empresa corre o risco de perder bem mais do que um único cliente. Cada consumidor insatisfeito fala com até 10 pessoas sobre o assunto e essas 10 passarão as más notícias adiante. Obviamente, a empresa deve ser ágil na resposta aos reclamantes. Alguns estudos mostram, surpreendentemente, que os clientes que reclamam e recebem uma pronta solução para o seu problema acabam sendo mais fiéis do que os que nunca reclamaram![2]

Soluções

- Encomende pesquisas de mercado mais sofisticadas.
- Use técnicas mais analíticas.
- Organize painéis entre clientes e revendedores.
- Instale softwares de marketing de relacionamento (CRM) e faça uma análise exploratória dos dados disponíveis (data mining).

Precisa-se: Mais e melhores pesquisas de mercado

A expressão do momento é *insight a respeito do cliente*. A empresa que conseguir um insight mais profundo das necessidades, percepções, preferências e comportamento do cliente terá vantagem competitiva. Que tipo de pesquisa a sua empresa costuma contratar para adquirir algum insight a respeito de clientes? Algumas vezes a melhor pesquisa é aquela em que se dialoga continuamente com o público-alvo, individualmente ou em grupo. É possível obter muitas idéias e insights com esse procedimento. Contudo, conversas informais no meio da rua podem ser valiosas, mas não suficientes. Entre as metodologias formais, podemos citar:

- Entrevistas em grupo (*focus groups*)
- Pesquisas quantitativas
- Entrevistas em profundidade
- Pesquisa doméstica (*in-home*)
- Pesquisa em loja (*in-store*)
- Comprador misterioso

Entrevistas em grupo (*focus groups*)

É possível aprender muito convidando-se um grupo de oito a 12 pessoas para participar de uma discussão liderada por um facilitador habilidoso, cujo tema pode ser uma nova idéia de produto, um produto existente, uma nova forma de comunicação ou qualquer outro tópico de marketing. A tarefa do moderador é fazer as perguntas, incentivar comentários e conduzir a discussão de tal maneira que o interesse seja mantido, as discussões evoluam e todos dêem a sua opinião.

Certa vez observei um grupo de discussão patrocinado pela Mercedes para testar a receptividade no mercado americano do Smart, um modelo de automóvel diminuto, mas de muito estilo, que era sucesso na Europa. Os participantes, em sua maioria, foram céticos. Disseram que o veículo parecia inseguro, era muito caro e que apenas poderiam considerar comprá-lo no caso de precisarem de um terceiro carro para viagens curtas ao Centro para fazer compras. Depois de ouvir essas observações de diversos grupos, a Mercedes decidiu não lançar o Smart nos Estados Unidos.

Com uma ou mais entrevistas em grupo é possível extrair alguns insights das necessidades, opiniões, atitudes e comportamentos prováveis do consumidor. Essa é uma pesquisa exploratória e somente será possível dimensionar a representatividade das opiniões ali externadas com uma pesquisa complementar de natureza quantitativa.

Pesquisas quantitativas

A pesquisa quantitativa poderá responder às questões levantadas pelas discussões em grupo. Uma série de perguntas cuidadosamente formuladas é submetida a uma amostra representativa do público-alvo. O resultado será um retrato das atitudes da parcela da população representada pela amostra desde que todos respondam ao questionário. Se houver um número grande de respondentes não-cooperativos, a esperança é que o fato não interfira no conjunto dos que cooperaram.

Entrevistas em profundidade

Mesmo que todos os indivíduos da amostra respondam fielmente ao questionário, isso não proporcionará um insight profundo das motivações do consumidor. As pessoas poderão omitir, racionalizar ou mesmo deixar de expressar seus verdadeiros sentimentos. Por essa razão existem as entrevistas individuais em profundidade, que têm por base técnicas freudianas, junguianas e outras. Nessa metodologia poderão também ser usadas técnicas projetivas que anulam reações racionais. Assim como as entrevistas em grupo, é difícil saber a representatividade das respostas em relação ao resto da população.

Pesquisa doméstica (*in-home*)

Os pesquisadores comportamentais preferem observar as pessoas em situações reais em vez de fazer perguntas. Assim, cresce a utilização de pesquisas domésticas mediante as quais famílias concordam em ter filmadas e gravadas por pesquisadores suas atividades normais do dia-a-dia (cozinhar, comer etc.) e as conversas e interações daí decorrentes. O objetivo é obter insights sobre o modo como as pessoas agem quando cozinham, comem ou escolhem uma roupa para vestir.

Pesquisa em loja (*in-store*)

Além de observar o comportamento das pessoas em casa, alguns pesquisadores estão agora estudando ativamente o seu comportamento de compra diretamente no ponto-de-venda.

Paco Underhill nos conta suas descobertas em seu livro *Vamos às compras!*[3] O livro nos oferece os seguintes tipos de conselho ao se projetar um espaço de varejo para manter o público comprando:

- *Honre a "zona de transição"*. Quando entram na loja, os clientes provavelmente estarão andando rápido demais para prestar atenção a cartazes, merchandising ou vendedores. Eles começarão a diminuir a velocidade na zona de transição e então passarão a prestar atenção às coisas.
- *Faça com que os produtos estejam ao alcance das mãos*. Uma loja poderá oferecer produtos mais finos, baratos ou sensuais, mas se o cliente não puder tocá-los ou experimentá-los muito da atratividade será perdida.
- *Homens não fazem perguntas*. Os homens geralmente se movem mais rápido do que as mulheres pelos corredores das lojas. É difícil atrair sua atenção para qualquer coisa diferente daquilo que desejam comprar. Além disso, os homens normalmente não gostam de perguntar onde estão as coisas. Eles preferem deixar a loja a perguntar a um atendente.

Comprador misterioso

Uma terceira metodologia de pesquisa comportamental é contratar pessoas que deverão agir como compradores para depois fazer relatórios sobre o comportamento dos atendentes ou sobre a colocação dos produtos da concorrência. Assim, um banco poderia contratar um comprador misterioso para abrir uma conta em uma de suas próprias agências para saber como funcionou o atendimento. Não raro as empresas se surpreendem com o despreparo de seus próprios empregados para tratar os clientes adequadamente.

Lembro-me de ter assumido o papel de cliente do Pizza Inn antes de fazer uma palestra para seus gerentes. Fiquei boquiaberto com a demora para o atendimento do meu pedido. Levou séculos para que a comida chegasse à minha mesa e a pizza estava intragável. Relatei essa experiência aos gerentes e eles tomaram medidas imediatas para corrigir o problema.

USE TÉCNICAS MAIS ANALÍTICAS

Além da coleta bruta de dados, as empresas necessitam empregar ferramentas mais sofisticadas para analisar o comportamento do consumidor. Eis alguns exemplos.

Necessidades do consumidor

As necessidades do consumidor podem ser analisadas em mais detalhes com o apoio de entrevistas em profundidade em que são usadas técnicas projetivas, como associação de palavras, complementação de frases e testes de percepção temática (TATs). Alguns pesquisadores utilizam, além disso, uma técnica de escalada mediante a qual para cada explicação do consumidor é feita uma nova pergunta investigativa. Por exemplo, o consumidor poderá dizer que comprou um automóvel Mercedes porque sua engenharia é melhor. "Por que isso é importante para você?" "Porque o carro fica mais suave de dirigir." "Por que isso é importante para você?" "Porque eu gosto de me sentir confortável." "Por que isso é importante para você?" "Porque me sinto importante e mereço o melhor." Assim, saímos de uma explicação simples para um conjunto muito mais profundo de significados motivadores do consumidor.

Percepções do consumidor

Utilizando uma técnica denominada *mapeamento perceptual*, o pesquisador pode mostrar como os consumidores percebem marcas diferentes em relação a um conjunto de atributos. Suponhamos que o consumidor seja solicitado a classificar marcas de automóvel em duas dimensões: status e confiabilidade. O resultado poderá indicar que o consumidor médio posicionaria Jaguar no alto da escala como símbolo de status, mas em posição média no quesito confiabilidade. Já Toyota poderia ser média como status e alta em confiabilidade. Ao fazer esse exercício com todos os carros do mercado é possível identificar os concorrentes mais próximos de uma determinada marca.

Preferências do consumidor

Diversas técnicas poderão ser usadas para a avaliação das preferências do consumidor. Entre as mais simples, está a de dar notas e classificar produtos. Uma técnica mais sofisticada é a *análise conjunta*, em que os consumidores classificam suas escolhas dentro de um hipotético conjunto de conceitos plenamente explicados. Essas escolhas poderão ser analisadas para revelar a importância relativa que os consumidores dão a cada atributo, o que orienta a empresa em relação a que conceitos seriam os mais bem-sucedidos no mercado.

Dados sobre consumidores também podem ser examinados por métodos de regressão, discriminação e análise de *clusters*, que permitem fazer previsões sobre as probabilidades do consumidor reagir a um determinado estímulo (preço, características, apelos etc.). *Análises preditivas* são usadas por empresas de mala direta para a seleção de prospects com maior probabilidade de responder positivamente a uma determinada oferta.

Pesquisa etnográfica

Grande parte dos comportamentos do consumidor é condicionada pelas crenças, normas e valores de um determinado grupo social, seja de adolescentes, americanos-poloneses de terceira idade ou mórmons de Utah. As ferramentas da antropologia social jogam luz sobre muitos aspectos do comportamento não imediatamente visíveis nas pesquisas comuns.

ORGANIZE PAINÉIS ENTRE CLIENTES E REVENDEDORES

A sua empresa poderá se beneficiar com o recrutamento de jovens clientes que concordem em ser periodicamente entrevistados sobre novas idéias, produtos e meios de comunicação. Os membros do painel deverão estar ao alcance do correio, fax, e-mail ou telefone. Você poderá recompensá-los com produtos ou em dinheiro. Na prática, esse painel seria um *focus group* permanente, escolhido para representar o público-alvo. Seria útil organizar também painéis com revendedores e fornecedores para que não se perca de vista as opiniões desse público.

Sua empresa poderia dar um passo mais adiante e montar uma sala de reuniões online onde prospects e clientes pudessem trocar idéias. Isso teria um valor extraordinário em empresas que, mais do que clientes, têm fãs – como a Harley Davidson ou a Apple Computer. Esses aficcionados trocarão informações, organizarão encontros e contribuirão para o fortalecimento da comunidade. A empresa acumulará muitos insights ao monitorar tudo o que estiver se passando ali. Em contrapartida, as empresas que não têm admiradores ardorosos não devem abrir esse canal de comunicação. Opiniões negativas se espalhariam com rapidez. Na melhor das hipóteses, organizações com essas características deveriam fazer uma auditoria das conversações em salas de reunião virtuais comuns para captar qualquer má notícia que mereça uma rápida ação reparadora.

INSTALE SOFTWARES DE MARKETING DE RELACIONAMENTO (CRM – CUSTOMER RELATIONSHIP MARKETING) E FAÇA UMA ANÁLISE EXPLORATÓRIA DOS DADOS (DATA MINING)

As empresas acumulam cada vez mais informações sobre compras anteriores dos consumidores, dados demográficos e psicográficos na esperança de adquirir um entendimento mais apurado de cada cliente. Essas informações sobre compras anteriores são úteis porque revelam preferências. Podemos descobrir, por exemplo, se determinado consumidor é um usuário prematuro de novidades eletrônicas, o que o tornaria um bom alvo para o próximo lançamento de um produto dessa categoria. Essas informações ficam guardadas em um *data warehouse* (armazém de dados). Daí é extraída uma amostra colocada em um *data mart* (mercado de dados) e analisada por habilidosos *data miners* (exploradores de dados). Esses técnicos freqüentemente conseguem detectar novos *segmentos* que podem representar novas oportunidades para a empresa. Às vezes conseguem também identificar novas *tendências* em termos de produtos, características ou serviços que poderão servir de alerta para novas ofertas do mercado. Finalmente, os *data miners* poderão testar a eficácia das análises preditivas em atingir os melhores prospects.

Notas

1. Em Don Peppers e Martha Rogers, Marketing um a um (Rio de Janeiro: Elsevier Editora, 1994).
2. Estudos TAIC.
3. Paco Underhill, Vamos às compras! (Rio de Janeiro: Elsevier Editora, 1999).

Capítulo 3

Sua empresa precisa definir melhor e monitorar os concorrentes

Sinais

- Sua empresa foca excessivamente os concorrentes mais próximos e não dá atenção aos concorrentes mais distantes e nem às tecnologias destruidoras.
- Sua empresa não tem um sistema estabelecido de coleta e distribuição de inteligência competitiva.

VOCÊ ESTÁ FOCANDO EXCESSIVAMENTE O CONCORRENTE ERRADO

As empresas normalmente acham fácil identificar seus concorrentes.

- O McDonald's apontaria Burger King e Wendy's. Se pensasse de maneira mais ampla incluiria Taco Bell, Pizza Hut e Subway. E para ser mais amplo ainda talvez devesse incluir supermercados que vendem comidas pré-preparadas.
- A U.S. Steel nomearia a Bethlehem Steel e outras empresas integradas da indústria do aço e, talvez, até mesmo a Nucor (fabricante de aço não-integrada). Mas a verdadeira questão é se a U.S. Steel está suficientemente atenta às veredas abertas pelas indústrias do alumínio e do plástico. Por exemplo, os fabricantes de automóveis estão substituindo um grande número de peças de aço por outras de plástico. Quem imaginaria que a Divisão de Plásticos da General Electric seria concorrente da U.S. Steel?

VOCÊ NÃO TEM UM SISTEMA ORGANIZADOR PARA INTELIGÊNCIA COMPETITIVA

Qual é o volume de informações que uma empresa típica detém sobre seus concorrentes? Se a Xerox participasse de uma concorrência contra a Sharp para o fornecimento de mil copiadoras, o que saberia sobre as práticas da rival em licitações desse tipo? Quem é o responsável na Xerox pela compilação de informações sobre objetivos, recursos, estratégias e práticas de empresas concorrentes? Essas informações estão centralizadas em um departamento de inteligência competitiva ou os vendedores têm de sair à cata de colegas com experiência em licitações das quais a Sharp tenha participado?

Soluções

- Nomeie um profissional ou crie um departamento responsável pela inteligência competitiva.
- Contrate pessoal oriundo de empresas concorrentes.
- Fique atento a qualquer nova tecnologia que possa afetar negativamente a empresa.
- Ofereça produtos semelhantes aos de seus concorrentes.

NOMEIE UM PROFISSIONAL OU CRIE UM DEPARTAMENTO RESPONSÁVEL PELA INTELIGÊNCIA COMPETITIVA

Seria uma decisão sábia estabelecer na empresa uma atividade de *coleta* e *disseminação* de inteligência competitiva. Talvez se pudesse indicar para essa função uma bibliotecária que gostasse de acompanhar todas as notícias sobre a concorrência que aparecessem na Internet e que fosse capaz de desenvolver perfis de cada empresa. Qualquer empregado poderia obter informações com essa pessoa sobre a maneira de pensar e agir de um concorrente.

CONTRATE PROFISSIONAIS ORIUNDOS DE EMPRESAS CONCORRENTES

Sua empresa deveria considerar a possibilidade de "comprar o passe" de empregados de seus principais concorrentes. O objetivo não seria roubar informações secretas de outras empresas (isso é ilegal e você seria processado), mas aprender como elas raciocinam e se comportam.

Lembro-me de quando a IBM contratou um jovem gerente da Sun Microystems e, após alguns anos, o convocou a fazer uma palestra para a diretoria falando como se fosse Scott McNealy, CEO da Sun. Ele deveria dizer o que estava planejando fazer em relação à IBM. O jovem ex-empregado da Sun olhou nos olhos dos 13 membros da diretoria e disparou:

> *A minha empresa, Sun Microsystems os enterrará! Nós teremos sucesso porque vocês, IBM, pensam que o futuro será das caixas (mainframes), mas nós achamos que o futuro está na construção de networks para conectar essas caixas. As caixas se tornarão* commodities, *mas construir networks continuará sendo uma tecnologia altamente especializada e com boas margens.*

A diretoria da IBM ficou perplexa pela objetividade do rapaz, mas não deu importância ao que ele disse. Pouco tempo depois a empresa entrou em um longo período de declínio que só foi superado alguns anos depois quando o novo presidente Lou Gerstner determinou que a IBM se transformasse em uma "empresa centrada em networks". Tivesse a IBM dado ouvidos àquele jovem, seus ativos não teriam sofrido tão drástica redução.

MONITORE QUALQUER NOVA TECNOLOGIA

A maior ameaça com que uma empresa poderá se defrontar não vem de um concorrente já existente e sim de uma tecnologia nova e melhor. O Professor Clayton Christensen, de Harvard, chama esse fenômeno de *tecnologia destruidora*.[1] Poderíamos citar vários exemplos. A máquina de somar mecânica tornou o ábaco obsoleto e a calculadora eletrônica fez o mesmo com a régua de cálculo. O automóvel substituiu a carruagem. Alguns tipos de cirurgia caíram em desuso com a invenção de uma pílula.

A sua empresa deve monitorar qualquer tecnologia que possa vir a colocar em risco o seu produto básico ou processo de produção. Ou, melhor ainda, você deve ver nessas ameaças oportunidades de investimento. Ao colocar recursos no desenvolvimento dessas novas tecnologias você poderá estar garantindo o futuro de sua empresa. Nossa máxima: "A empresa deve se autocanibalizar antes que outra o faça". Conta-se uma história sobre o gerente da divisão de válvulas a vácuo da General Electric que entrou na sala de seu superior dizendo que conseguira aumentar a participação no mercado em 20%. Ele foi despedido. "Você aumentou o negócio em 20% porque nossos concorrentes faliram. Isso foi fácil. O que você deveria ter feito era nos ter colocado no negócio de transistores. Você nos manteve no passado quando deveria nos ter preparado para o futuro!"

OFEREÇA PRODUTOS SEMELHANTES AOS DE SEUS CONCORRENTES

A sua empresa poderá estar ocupando reconhecida faixa de preço no mercado. Assim, a cadeia de hotéis Marriott se posicionou originalmente na faixa média-alta. Mas o que aconteceria se um número crescente de homens de negócios passasse a procurar acomodações mais em conta? Essa possibilidade levou a Marriott a criar um sistema de motéis denominado Courtyard. Seu público-alvo era o viajante a negócios que não queria um hotel caro, com restaurantes sofisticados e espaço para convenções. A nova marca foi um sucesso imediato. Em seguida, a Marriott reconheceu a necessidade de um sistema de motéis ainda mais barato para famílias e lançou o Fairfield Inn. Foi mais uma iniciativa bem-sucedida. Posteriormente, a Marriott lançou outros conceitos de hotel como o Residence Inn, Marriott Suites e Marriott Resorts, entre outros. Isso significa menor vulnerabilidade para a Marriott que não estará presa a um único posicionamento. Ao contrário, com essa variedade de estilos estará mais segura.

Um caso semelhante pode ser contado sobre a Swarovski, fabricante de cristais finos, de alta qualidade e caros. Uma de suas divisões produz finas peças para montagem em armações de lustres. Eventualmente surgiram dois concorrentes: um europeu, com preços 20% menores e um outro, egípcio, cobrando 50% menos. O que deveria a Swarovski fazer? A saída mais fácil seria reduzir os preços, mas isso diminuiria em muito a lucratividade. Uma resposta melhor seria lançar uma forte ação de *branding* para fazer com que os hotéis e residências que já eram clientes continuassem a prestigiar a marca. Melhor ainda seria mostrar aos fabricantes de lustres ou hotéis como poderiam economizar tempo e dinheiro usando os cristais Swarovski, que não precisariam ser limpos com tanta freqüência além de poderem ser montados mais rapidamente devido a um processo especial patenteado pela empresa. Mas, talvez, a melhor opção fosse adquirir os dois concorrentes e iniciar negócios em outras faixas de preço. O comprador poderia escolher entre cristais "bons, melhores ou excelentes", dependendo de seu poder aquisitivo. Lembrando: "se você vai ser canibalizado, seja o primeiro a fazê-lo consigo mesmo".

Uma empresa deve reconhecer que existem vários posicionamentos de preço/valor disponíveis no mercado. São eles:

- Menos por muito menos (Southwest Airlines)
- O mesmo por menos (Wal-mart)
- O mesmo pelo mesmo (Tide)
- O mesmo por um preço maior (não recomendado)
- Mais pelo mesmo preço (Lexus)
- Mais por um preço maior (Mercedes, Haagen-Dazs)

Não estou dizendo que uma empresa deva ter produtos nesses seis níveis. A Sears estava certa ao oferecer rádios em três níveis: "bom, melhor e o melhor".

Nota

1. Clayton M. Christensen, *The Innovator's Dilemma: When New Technologies Cause Great Firms to Fail* (Boston: Harvard Business School Press, 1997).

Capítulo 4

Sua empresa não tem administrado adequadamente o relacionamento com os stakeholders

Sinais

- Seus empregados não estão satisfeitos.
- Você não consegue atrair os melhores fornecedores.
- Você não consegue atrair os melhores distribuidores e seus revendedores estão insatisfeitos.
- Seus investidores estão insatisfeitos.

SEUS EMPREGADOS ESTÃO INSATISFEITOS

Tom Peters, guru de administração de empresas e co-autor de *In Search of Excellence*, gostava de dizer que era capaz de entrar numa empresa e em 15 minutos diagnosticar se os empregados estavam satisfeitos ou não. Um funcionário descontente pode sabotar uma empresa. Sinais de que os empregados não estão felizes seriam alto *turnover*, freqüentes fracassos de políticas internas, forte existência de facções e opiniões desabonadoras a respeito de outros departamentos da empresa.

SEUS FORNECEDORES SÃO DE SEGUNDA LINHA

Existe uma grande diferença de qualidade e serviços de fornecedores. As empresas que anunciam produtos de alta qualidade precisam de fornecedores do mesmo nível. Mas pode ser que um fornecedor de matéria-prima de alta qualidade já esteja produzindo à sua máxima capacidade e não seja capaz de aceitar um novo cliente. Ou, talvez, ele só possa atender a uma empresa em cada indústria. Sua empresa teria que trabalhar com o segundo melhor fornecedor e isso poderá prejudicar a sua promessa de oferecer produtos da mais alta qualidade.

Sua empresa poderá escolher trabalhar com os segundos melhores para baixar os custos de compra. Entretanto, você provavelmente terá outros custos altos em decorrência de negociar com um fornecedor de segunda linha.

SEUS DISTRIBUIDORES DEIXAM MUITO A DESEJAR

A sua empresa contrata distribuidores e revendedores porque acredita que eles são capazes de atingir o seu público-alvo melhor do que ela mesma poderia, se tentasse fazê-lo por conta própria. Sua expectativa é de que eles dêem atenção prioritária a seus produtos, mesmo quando também vendem os da concorrência. Contudo você deve estabelecer termos de negócio compensadores para os seus distribuidores. Eles devem ter a sensação de que seus ganhos são iguais ou maiores do que os aferidos com a venda de outros produtos.

SEUS INVESTIDORES NÃO ESTÃO SATISFEITOS

O grau de satisfação dos investidores é rapidamente evidente pelo tempo que mantêm os seus recursos investidos nas ações de sua empresa. Preços em baixa e o pagamento de taxas de juros mais altas são maus sinais. Isso eleva o custo do seu capital e, portanto, o custo do seu negócio, o que aponta para menores lucros no futuro.

Soluções

- Abandone o "pensamento soma zero" e assuma o "pensamento soma positiva".
- Gerencie melhor as relações com seus empregados.
- Gerencie melhor as relações com fornecedores.
- Gerencie melhor as relações com distribuidores e revendedores.
- Gerencie melhor as relações com investidores.

ASSUMA O PENSAMENTO SOMA POSITIVA

Antigamente, um homem de negócios pensava que o tamanho do bolo era um só. Conclusão: ele poderia ganhar mais se pagasse menos a seus parceiros (empregados, fornecedores, distribuidores). Esse é o pensamento soma zero. Hoje, há crescentes evidências de que seus resultados econômicos podem variar muito dependendo do modo como os parceiros são tratados. Fred Reichheld em seu livro *Princípios da lealdade*, descreve como muitas empresas de sucesso recompensam generosamente seus empregados, fornecedores e distribuidores. A iniciativa faz com que o bolo fique maior, inclusive a fatia que cabe à empresa que, dessa forma, atrairá parceiros melhores e mais motivados atuando como uma equipe na superação da concorrência.[1]

GERENCIE MELHOR O RELACIONAMENTO COM OS EMPREGADOS

Os empregados produzem mais quando são bem escolhidos, treinados, motivados e respeitados. Isso não ocorre em uma empresa que simplesmente contrata aos montes, dá aos empregados pouco ou nenhum treinamento, pouca autonomia decisória e ainda vive criticando o seu trabalho. Esses empregados têm grande possibilidade de se tornarem sabotadores dentro da empresa.

Não é recomendável contratar empregados antes que a administração superior tenha definido claramente os valores, visão, missão, posicionamento e públicos-alvo da empresa. Só então se deve sair em busca das pessoas certas para treiná-las apropriadamente e lhes delegar responsabilidades sabendo que elas "viverão a marca da empresa".

Empresas inspiradas mudam até mesmo o tratamento: em vez de empregados, associados ou parceiros. Na Southwest Airlines, o CEO Herb Kelleher mudou o nome do Departamento de Recursos Humanos para Departamento das Pessoas.

Respeitar os empregados e tratá-los como pessoas criativas e responsáveis passou a ser um novo paradigma nas organizações. As empresas mais inteligentes adotam a prática do *marketing interno* que leva em conta as diferentes necessidades do seu pessoal. E ao saber quais são, a empresa poderá atender e satisfazer melhor o seu pessoal. Lembro-me de um hospital que tinha um grande *turnover* de enfermeiras, independentemente do fato de elas serem solteiras, casadas ou terem filhos. Somente quando um novo gerente assumiu os recursos humanos e estabeleceu horários flexíveis e melhores condições de trabalho o hospital passou a atrair e reter uma equipe de enfermeiras competentes e satisfeitas.

GERENCIE MELHOR O RELACIONAMENTO COM OS FORNECEDORES

Como a qualidade e a performance dos fornecedores pode variar muito, a empresa deverá procurar os melhores e recompensá-los o suficiente para que se empenhem ao máximo em atendê-la. As organizações vêm diminuindo continuamente o número de seus fornecedores. A velha prática de se ter três fornecedores por categoria – com 60% do negócio para o principal, 30% e 10% para o segundo e terceiro, respectivamente – para mantê-los competindo entre si está caindo em desuso. Agora, o ideal é que se tenha apenas um excelente fornecedor por categoria. A indústria automobilística já está agindo dessa maneira, contratando uma única empresa para fabricação de bancos, outra para o sistema de freios e outra para o sistema de ar condicionado. A empresa e seus parceiros investem juntos uns nos outros e atuam como uma equipe vencedora no desenvolvimento e fabricação de automóveis. Esse tipo de parceria poderá elevar o nível de qualidade, produtividade e inovação da organização além de baixar os seus custos.

GERENCIE MELHOR DISTRIBUIDORES E REVENDEDORES

Sua empresa precisa identificar e atrair os melhores distribuidores (atacadistas, revendedores, agentes e varejistas) pois a qualidade desses parceiros poderá fazer uma grande diferença na sua capacidade de atender e satisfazer aos usuários finais. A chave dessa questão é fazer com que os distribuidores atribuam um grande valor ao relacionamento que mantêm com a sua empresa, de forma que sejam capazes de fazer um esforço extra em seu favor. Muito depende dos termos de negócio que a sua empresa mantém com eles.

A Caterpillar, a maior empresa do mundo em tratores, tem um relacionamento excepcional com seus revendedores.

> *Revendedores locais, que são membros antigos de sua comunidade, estão mais aptos a se aproximar dos clientes do que o faria uma empresa global. Contudo, para explorar ao máximo o potencial desses revendedores, a organização deve forjar um relacionamento extremamente próximo a eles e integrá-los a seus sistemas críticos de negócio. Quando tratados dessa maneira, os revendedores poderão se tornar fontes de informações sobre o mercado e contribuir para a inteligência de marketing, seja como representantes dos clientes, consultores ou solucionadores de problemas. Certamente os nossos revendedores desempenham um papel vital em quase todos os aspectos de nosso negócio, inclusive no design e na entrega de produtos, no apoio de campo e em serviços prestados e no gerenciamento de estoques de peças sobressalentes. Revendedores podem ser muito mais do que um canal para se atingir o cliente.*[2]

A administração superior da Caterpillar considera seus revendedores uma de suas principais vantagens competitivas e fará o quer for preciso para evitar qualquer abalo nessa relação de parceria.

Além de contratar os melhores distribuidores, uma empresa deve estar apta a montar um sistema de aprendizado permanente. O estabelecimento de extranets com seus distribuidores poderá servir a vários propósitos, inclusive o de informá-los sobre novas idéias e produtos e de facilitar os ciclos de pedido, entrega e pagamento.

Notas

1. Frederick F. Reichheld, *Princípios da lealdade* (Rio de Janeiro: Elsevier Editora, 2001).
2. Declaração sobre a Caterpillar.

Capítulo 5

Sua empresa não é boa em encontrar novas oportunidades

Sinais

- Sua empresa não identificou nenhuma grande oportunidade nos últimos anos.
- A maioria das novas idéias lançadas pela sua empresa fracassou.

SUA EMPRESA NÃO TEM SE SAÍDO BEM NA IDENTIFICAÇÃO DE NOVAS OPORTUNIDADES

Uma pergunta interessante para a sua empresa é: "Quantos produtos e serviços novos foram lançados nos últimos cinco anos?". Haverá uma variedade de respostas a essa questão. A 3M Company citaria muitos novos produtos. Na verdade, a empresa estabelece como norma que 30% das receitas atuais sejam oriundas de produtos lançados nos últimos cinco anos.

Por outro lado, grandes empresas como Coca-Cola e Procter & Gamble (P&G) têm respostas menos animadoras. No caso da Coca-Cola, suas bebidas de maior sucesso – sucos de frutas, energéticos, água engarrafada – foram, primeiro, lançadas no mercado pela concorrência. Na melhor das hipóteses, a Coca-Cola a seguiu e, em alguns casos, cresceu mediante a aquisição dos rivais.

A grande P&G não pode se vangloriar de ter lançado muitos produtos de sucesso nos últimos cinco anos em decorrência de seus próprios esforços. Em compensação, cresceu a partir da aquisição de empresas das áreas de cosméticos, produtos de higiene pessoal e alimentos.

A falta de inovações aponta na direção de uma organização que sistematicamente fracassa em encontrar e pesquisar novas oportunidades ou de uma que investe em muitas novas oportunidades sempre com resultados decepcionantes.

A MAIORIA DAS SUAS INICIATIVAS FALHOU

Boas oportunidades podem ser arruinadas por um fraco gerenciamento do processo de desenvolvimento de novos produtos. De alguma forma, ou a empresa investe no desenvolvimento de oportunidades deficientes ou então arruína boas oportunidades em algum estágio do processo – como no desenvolvimento do conceito, teste do conceito, desenvolvimento do protótipo, teste do protótipo, planejamento de negócios e de marketing, teste de mercado ou lançamento do produto.

Soluções

- Estabeleça um sistema que garanta o fluxo de novas idéias originárias de seus parceiros.
- Utilize sistemas de criatividade para a geração de novas idéias.

ESTABELEÇA UM SISTEMA QUE ESTIMULE O FLUXO DE NOVAS IDÉIAS ORIGINÁRIAS DE SEUS PARCEIROS

Algumas empresas crêem não existir novas oportunidades. Elas dizem que o mercado já está maduro ou que vendem *commodities*. Mas mercados maduros ou *commodities* são coisas que não existem. O problema é que aquilo em que você acredita está obstruindo a sua imaginação. A Starbucks não achava que o mercado de café estivesse maduro.

Nenhuma empresa precisa se ressentir da falta de idéias. Em primeiro lugar, seus empregados provavelmente dispõem de um manancial de idéias para melhorias. Eles precisam apenas saber para onde enviá-las e de motivação para fazê-lo. Segundo, os fornecedores, distribuidores, a agência de propaganda e outros parceiros, provavelmente, teriam inúmeras novas idéias para sugerir. Terceiro, existem maneiras sistemáticas de ajudar os empregados a desenvolver idéias.

Em um excelente artigo intitulado "Traga o Vale do Silício para dentro de sua empresa" Gary Hamel apresentou uma receita para a geração de novas idéias de sucesso.[1] O Vale do Silício, diz ele, foi o berço de empreendimentos bem-sucedidos porque ali estavam alojados três mercados: de *idéias*, de *capitais* e de *talentos*. O vale foi inundado por muita gente empreendedora e criativa, com novas idéias, especialmente para dar início a em presas pontocom. Havia uma abundância de instituições especializadas em financiamento de novos negócios que emprestavam dinheiro para pessoas com grandes idéias. E, assim, foram atraídos muitos talentos capazes de conceber softwares e implementar essas idéias.

A questão é que as empresas precisam duplicar o Vale do Silício internamente. Elas deveriam reconhecer o alto valor de novas idéias e facilitar a sua compilação e avaliação. As melhores idéias seriam encaminhadas ao talento certo, que se encarregaria da pesquisa e desenvolvimento – atividade bancada por uma "caixinha" para a qual todas as empresas do vale colaborariam – e seu posterior lançamento.

Para gerenciar o fluxo de idéias, a empresa deve indicar um executivo de alto nível para ser "Líder de Idéias" que, por sua vez, preside um "Comitê de Idéias", com representantes de cada área da organização. Todos os empregados da empresa e dos parceiros devem saber o nome, endereço e e-mail do comitê e devem ser encorajados a mandar suas idéias. O comitê se reuniria a cada poucas semanas para rever e avaliar novas idéias, colocando-as em três grupos: fracas, boas e aparentemente excelentes. Essas últimas devem ser analisadas pelos membros do comitê que deverão preparar um relatório por escrito. Se a avaliação de uma determinada idéia for positiva, ela passa para uma outra fase em que receberá recursos para o seu aprofundamento. Se continuar parecendo boa seguirá adiante no processo até que seja descartada ou lançada no mercado.

Todos os proponentes acompanharão o andamento de suas idéias. Isso anularia a impressão de que o comitê não estaria interessado nelas. Os autores das idéias mais fortes eventualmente implementadas com sucesso deverão ser recompensados de forma adequada seja em dinheiro, férias ou outros prêmios tangíveis. A Kodak, por exemplo, paga US$10 mil a cada ano para os empregados que contribuíram com as idéias que mais trouxeram lucros ou que mais reduziram custos. Outras empresas distribuem 10% do valor economizado ou do lucro incremental para o grupo autor.

UTILIZE SISTEMAS DE CRIATIVIDADE PARA GERAR NOVAS IDÉIAS

Muitas das melhores idéias surgirão da observação das grandes mudanças que ocorrem no chamado ambiente de mercado composto pelos elementos PESTA (Políticos, Econômicos, Sociais, Tecnológicos e Ambientais). Aqui estão idéias oriundas das observações das tendências de cada um desses componentes:

- *Político*: Uma empresa observa a dificuldade de se conduzir eleições precisas com cédulas de papel e inventa uma máquina de votar eletrônica à prova de fraudes.
- *Econômico*: Uma empresa nota que o preço dos hotéis em Tóquio é altíssimo e inventa um hotel que aluga leitos, e não apartamentos, a preços reduzidos.
- *Social*: Uma empresa percebe a dificuldade que os solteiros têm de se encontrarem e inventa um serviço de encontros pela Internet.

- *Tecnológico*: Uma empresa inventa uma tela eletrônica em que os executivos podem escrever a mão, em vez de usar o teclado, e suas anotações são digitalizadas.
- *Ambiental*: Uma empresa combate os altos preços de energia construindo moinhos de vento para gerar eletricidade.

As empresas também podem usar técnicas de criatividade individuais ou de grupo para estimular novas idéias. As técnicas de grupo podem ser de brainstorming, cinéticas etc.[2]

Grande parte das empresas busca novas idéias a partir do seu produto atual, lançando apenas algum tipo de variação. Por exemplo, uma empresa de cereais poderá pensar em acrescentar passas ou castanhas, maior ou menor quantidade de açúcar, ou usar cereal de trigo, aveia ou cevada, ou mudar o tamanho da embalagem ou a marca e assim por diante. Isso resulta em extensões de linha ou de marca que serão acrescentadas à gôndola de cereais no supermercado. A concorrência procederá da mesma maneira. A gôndola de cereais terá maior variedade, mas não ficará mais lucrativa. Cada variação de produto atrairá um número cada vez menor de clientes que deixam de comprar as marcas mais vendidas. Ou seja, o novo produto ganha um pouquinho e o velho perde um pouquinho.

Chamamos a isso de *marketing vertical* e as técnicas são muitas:

- Modulação
  - Os fabricantes de *suco* podem variar a quantidade de açúcar, de concentrado de fruta, com ou sem vitaminas...
- Tamanho
  - *Batatas fritas* podem ser oferecidas em volumes de 35g, 50g, 75g, 125g, 200g, pacotes múltiplos...
- Embalagem
  - Os *chocolates Nestlé Red Box* vêm em diferentes tipos de caixas: papelão, para venda em mercearias por um pre-

ço baixo; caixa de metal para presentes a preço premium...

- Design
  - A *BMW* cria designs distintos e de características diferentes para seus automóveis...
- Complementos
  - *Biscoitos* com polvilho, com canela, chocolate – com leite, branco ou amargo –, recheados...
- Redução de esforço
  - A *Charles Schwab* oferece diferentes canais para conforto do cliente ao fazer suas transações: lojas, telefone, Internet...

O principal problema do marketing vertical é que ele acaba hiperfragmentando o mercado, com apenas uns poucos produtos vendendo o suficiente para gerar bons lucros.

As empresas devem fazer uso de um processo alternativo de geração de idéias que denominamos *marketing lateral*.[3] Essa técnica faz você pensar no seu produto em relação a um outro produto, serviço ou idéia. Ou seja, você estará associando duas idéias em vez de incrementar uma idéia. Por exemplo, a empresa de cereais poderia pensar em cereais + lanchinho. Em vez de colocar o cereal solto dentro de uma caixa, ela usa o produto em forma de uma barra que pode ser carregada e comida a qualquer momento. Ela poderia chamá-la de barra de saúde e, de repente, as pessoas são capazes de consumir cereal a qualquer hora de forma prática.

Eis outras inovações revolucionárias de marketing:

Posto de gasolina + mercearia = Loja de conveniência
Café + computadores = Cybercafé

Chocolate + brinquedo = Kinder Ovo
Boneca + adolescente = Barbie
Áudio + portabilidade = Walkman
Doação + adoção = Campanha "Seja padrinho de uma criança"
Flores + vida eterna = Flores artificiais

O conceito de marketing lateral tem um grande potencial de criar novas categorias de produto, novos mercados e novos mixes de marketing. Isso é muito importante em função das limitações de se criar variações contínuas sobre os mesmos produtos. Na verdade, uma empresa precisa dominar ambos os processos – marketing vertical e lateral – para ser bem-sucedida em inovações.

Notas

1. Gary Hamel, "Bringing Silicon Valey Inside Your Company", *Harvard Business Review*, setembro-outubro, 1999, pp. 71-84.
2. Ver, por exemplo, James M. Higgins, *101 Creative Problem Solving Techniques*, (Winter Park, FL: New Management Publishing Company, 1994).
3. Philip Kotler e Fernando de Bes, Marketing lateral (Rio de Janeiro: Elsevier Editora, 2004).

Capítulo 6

O processo de planejamento de marketing de sua empresa é deficiente

Sinais

- O seu plano de marketing não contém os componentes certos e nem lógica.
- Seus planos carecem de elementos para a simulação das implicações financeiras das estratégias alternativas.
- Não há plano de contingência.

SEU PLANO DE MARKETING NÃO CONTÉM CERTOS COMPONENTES E NEM LÓGICA

Para determinar o grau de deficiência do planejamento de marketing de uma empresa basta pedir que ela apresente os seus planos mais recentes. Em um plano típico desse tipo há muitos números, orçamentos e anúncios. Mas a procura por uma lista de objetivos motivadores, estratégias e táticas pode ser em vão. Mesmo que os objetivos sejam claros poderá não haver uma estratégia motivadora. As táticas poderão estar descritas, mas talvez sejam totalmente dissociadas da estratégia.

Peça para ver os planos deste ano e do ano anterior para o mesmo produto. Aposto que a tática e a estratégia serão as mesmas. Isto é, os dois planos são praticamente iguais. Não há novas idéias. O planejador resolveu fazer o que lhe pareceu mais seguro: copiou o plano anterior. Dessa forma, ignorou as novas condições do mercado, a necessidade de uma nova estratégia e que a eficácia das ferramentas de marketing deve ter sofrido modificações.

SEU PLANO NÃO PERMITE UMA SIMULAÇÃO FINANCEIRA

Talvez o software de planejamento não permita simular o impacto das diferentes alternativas estratégicas. Não é o suficiente descrever duas ou três estratégias e estimar as vendas e os lucros gerados por cada uma. É necessário que o plano incorpore funções de resposta às vendas e aos custos que sejam capazes de estimar os resultados de quaisquer combinações que envolvam mudanças nas características do produto, preço, propaganda, promoções de vendas e tamanho da equipe de vendas.

NÃO EXISTE UM PLANO DE CONTINGÊNCIA

Qualquer plano se baseia em um conjunto de pressupostos sobre o ambiente de mercado, comportamento da concorrência e custos. O seu plano visualiza cenários alternativos e explicita as ações daí decorrentes? E se a economia mergulhar em uma repentina recessão? O seu plano prevê que mudanças seriam necessárias?

Soluções

- Estabeleça um formato padrão para planos, incluindo análises de situação, SWOT,* grandes questões, objetivos, estratégias, táticas, orçamentos e controles.
- Peça aos profissionais de marketing para incluir alternativas considerando um orçamento 20% maior e outro 20% menor.
- Institua um programa anual de premiações em marketing recompensando os melhores planos e performances.

ESTABELEÇA UMA SEQÜÊNCIA CLARA DOS COMPONENTES DO PLANO

Um plano de marketing deve agrupar os seguintes componentes: análise de situação, SWOT, grandes questões, objetivos, estraté-

---

**Nota do Tradutor:* Análise SWOT – Strengths, Weaknesses, Opportunities, Threats, ou Forças, Fraquezas, Oportunidades e Ameaças.

gias, táticas e controles. Certifique-se de que cada estágio é uma seqüência do anterior. A análise situacional leva à identificação das principais forças, fraquezas, oportunidades e ameaças. Daí são estabelecidos os objetivos adequados; para atendê-los uma estratégia é traçada e dela surgem os desdobramentos táticos. Com base nisso, é elaborado um orçamento. Instrumentos de controle serão utilizados para monitorar o andamento do plano e permitirão fazer ajustes quando necessários.

PEÇA AOS GERENTES QUE PREPAREM ORÇAMENTOS FLEXÍVEIS

Os altos gerentes normalmente estabelecem *metas alongadas* para seus subordinados (por exemplo, "Você tem de aumentar o faturamento de sua área em 10%"). Não surpreende, portanto, que o gerente de departamento peça um aumento correspondente no seu orçamento. Mas seus superiores poderão dizer não e exigir o cumprimento da meta com o orçamento atual.

Um sistema melhor seria o de *orçamento flexível*. Os altos gerentes devem perguntar a seus gerentes de área o que eles poderiam conseguir com, digamos, 20% a mais de dinheiro. Cada um diria como esse valor extra seria utilizado e o reflexo que isso poderia ter nas vendas e nos lucros. Obviamente, aqueles que, convincentemente, se comprometerem a obter um retorno acima de 20% deverão ganhar a verba adicional.

Do mesmo modo, os gerentes de área deverão dizer o que aconteceria se 20% de seu orçamento fosse cortado. Alguns, em desespero, alegarão que suas vendas entrarão em colapso. Outros dirão que haverá uma pequena queda.

Essas informações poderão ser utilizadas para a realocação dos recursos da empresa para aqueles gerentes que afirmam poder extrair o máximo do dinheiro adicional. E os cortes devem ser moderados para aqueles que acreditam que isso prejudicaria a performance das vendas.

A funcionalidade do orçamento flexível depende da credibilidade das estimativas fornecidas individualmente pelos gerentes. Inicialmente, eles poderão exagerar em suas previsões. Contudo, como serão cobrados pelo que disserem, ficará claro com o tempo quais gerentes são capazes de fazer estimativas competentes e quais não devem merecer crédito.

NO FIM DO ANO, COMEMORE OS RESULTADOS DOS MELHORES PLANOS

Cada departamento da empresa deve celebrar seus heróis. Aqueles que melhor exemplificam o pensamento vencedor em suas áreas de competência. Da mesma forma, o departamento de marketing deve reconhecer a cada ano o mérito dos grupos que desenvolveram os melhores planos, considerados a excelência da idéia e seu sucesso no mercado. Empresas como a Becton-Dickenson, DuPont e outras agraciam suas equipes de planejamento de marketing vencedoras a cada ano. Esses planos não apenas fazem com que seus autores se sintam orgulhosos, além de ganharem prêmios em dinheiro ou em tempo extra de férias, mas também são distribuídos para outros gerentes de marketing da organização para que sirvam de parâmetros de planejamento e de implementação.

Capítulo 7

As políticas de produtos e serviços de sua empresa precisam de ajustes

Sinais

- A empresa tem um excesso de produtos e muitos estão perdendo dinheiro.
- A empresa está prestando um excesso de serviços gratuitos.
- A empresa é deficiente na prática de vendas cruzadas de seus produtos e serviços.

PRODUTOS DEMAIS DANDO PREJUÍZO

Grandes empresas estão descobrindo que uma pequena parcela de seus produtos é responsável pela maior parte dos lucros. O problema tem origem no fato de que é relativamente fácil criar novas marcas ou extensões de linha e de marca. As empresas podem lançar novos produtos criando embalagens, tamanhos, ingredientes ou sabores diferentes. Tudo isso sob o pretexto de se conseguir mais espaço de prateleira ou de satisfazer uma variedade mais ampla de gostos dos consumidores. As empresas são mais rápidas em lançar do que eliminar produtos e, assim, passam a ter um excesso de perdedores de dinheiro. Quando finalmente acordam começam, em desespero, a cortar indiscriminadamente vários de seus itens objetivando aumentar os lucros mediante a diminuição da variedade. Mas as forças que alimentam a proliferação de produtos eventualmente renascem.

EXCESSO DE SERVIÇOS GRATUITOS

As empresas tradicionalmente dão mais importância ao produto do que aos serviços que o cercam. Para garantir pedidos, os vendedores farão várias promessas de serviços: entrega, instalação e treinamento gratuitos. Isso acontece embora esses serviços tenham um custo. Serviços prestados gratuitamente criam dois tipos de problema: 1) a tendência é que os clientes não os valorizem, mesmo que resolvam utilizá-los; 2) alguns serviços poderiam gerar receitas adicionais. O desafio é determinar que serviços devem ser gratuitos e quais devem ser cobrados e a que preço.

POUCAS VENDAS CRUZADAS

As empresas que vendem uma grande variedade de produtos normalmente são deficientes na venda de outros itens não solicitados pelo cliente. Alguém poderá comprar um automóvel em uma revendedora e depois ir a outro local para comprar seguro ou obter um empréstimo. O cliente poderá comprar um terno e não ser estimulado pelo vendedor a levar também camisas, gravatas ou sapatos para combinar. Um cliente com conta corrente em um banco poderá deixar de ser informado sobre outros produtos financeiros como caderneta de poupança ou empréstimo escolar.

Soluções

- A empresa deve estabelecer um sistema para identificar produtos de fraco desempenho para ajustá-los ou eliminá-los.
- A empresa deve estabelecer níveis diferentes de serviços pagos e gratuitos.
- A empresa deve aprimorar os seus sistemas de vendas cruzadas e incrementais.

ESTABELEÇA UM SISTEMA DE MONITORAMENTO E AVALIAÇÃO DE PRODUTOS

Há muitos anos, propus a criação de um sistema de monitoramento e avaliação de produtos mediante o qual a empresa poderia identificar aqueles com performance acima ou abaixo da média, o que permitiria a tomada de decisões adequadas quanto à eliminação de alguns deles.[1] Hoje, diante da explosão de variedades e do fato de que muitos produtos perdem dinheiro, as empresas necessitam mais do que nunca de um sistema como esse.

Em 1999, a Unilever descobriu que 50 de seus 1.600 produtos (3% do total) eram responsáveis por 63% de seu faturamento.[2] A partir daí a empresa identificou suas 400 marcas mais fortes e passou a chamá-las de marcas-núcleo, ou marcas de força.* Essas eram as suas atuais grandes geradoras de receita que tinham o potencial para atrair muito mais vendas e lucros se recebessem um reforço de recursos. Essas marcas – Knorr, Dove, Lipton, Hellman's – poderiam suportar extensões de marca, linha ou geográficas. As outras 1.200 marcas sofreriam uma redução drástica mediante a sua venda, extinção ou fusão. Em última análise, essas providências levariam a Unilever a ter um portfólio menor de marcas, mas maiores lucros. A estratégia de fazer foco nas marcas-núcleo também está sendo adotada pela Procter & Gamble, Nestlé, Heinz e várias outras empresas.

DECIDA QUE SERVIÇOS COBRAR E QUAIS OFERECER GRATUITAMENTE

No que diz respeito ao mix de serviços da empresa (instalação, treinamento, entrega), há duas situações que devem ser evitadas. A primeira é quando são oferecidos serviços gratuitos que o cliente não valoriza ou nem mesmo usa. Significa que dinheiro está sendo desperdiçado em serviços aos quais o cliente não dá valor. A segunda é quando a empresa oferece gratuitamente produtos pelos quais o consumidor estaria disposto a pagar. Uma solução seria a de estabelecer segmentos distintos de clientes, alguns dos quais pagarão pelos serviços enquanto outros não.

**Nota do Tradutor*: No original "core brands" e "power brands".

APERFEIÇOE O PROCESSO DE VENDAS CRUZADAS E DE VENDAS INCREMENTAIS

Alguns vendedores resistem a mencionar outros produtos oferecidos pela empresa por uma série de razões. Poderão estar satisfeitos por comercializar o seu produto e não desejariam dar a impressão de que estão "empurrando" outro. Pode ser que eles não recebam comissão pela venda de outros produtos. É possível também que acreditem que os outros produtos sejam de baixa qualidade e não serão do agrado do cliente.

O mesmo ocorre com profissões. Um contador poderá deixar de recomendar o serviço de consultoria gerencial de sua empresa por receio de que o seu cliente possa ser mal atendido por esse outro grupo de empregados. Alguns advogados não recomendarão outros serviços legais de sua própria empresa se não tiverem uma boa impressão de seus colegas ou se não ganharem comissão.

Um atendente de loja de departamentos que vende uma camisa para um cliente poderá não se sentir motivado a recomendar outros produtos se o seu salário for fixo. O cliente pediu apenas uma camisa. Por que se estressar?

Obviamente, uma empresa que trabalha com uma linha de produtos precisa treinar o seu pessoal e recompensá-los adequadamente para que fiquem motivados a oferecer produtos adicionais aos que eram originalmente de interesse do cliente.

Venda incremental significa duas coisas. Uma é induzir o cliente a comprar uma versão mais cara do produto pelo qual ele se interessou. O cliente queria comprar uma câmera digital simples e acaba levando uma Sony Cyber-shot DSCF717, de US$999. O outro significado é voltar a fazer contato com o cliente alguns anos após uma compra e sugerir a troca do produto antigo por um novo, muito mais avançado. O vendedor poderá até mesmo aceitar o velho como parte do pagamento. As equipes de vendas precisam de mais treinamento, tanto em vendas cruzadas quanto em vendas incrementais.

Notas

1. Philip Kotler, "Phasing Out Weak Products", *Harvard Business Review* (março-abril 1965), pp. 107-118.
2. Marketing Leadership Council, *Stewarding the Brand for Profitable Growth* (Washington D.C.: Corporate Executive Board, dezembro 2001) p. 179.

Capítulo 8

A capacitação de construção de marcas e de comunicação de sua empresa é deficiente

Sinais

- O seu público-alvo não sabe muito sobre a sua empresa.
- A sua marca não é percebida como diferenciada e nem como melhor que as outras.
- A sua empresa aloca aproximadamente o mesmo volume de recursos ano após ano para as mesmas ferramentas de marketing.
- Você faz poucas análises sobre o impacto do ROI nos diferentes programas promocionais.

SEU PÚBLICO-ALVO NÃO CONHECE SUA EMPRESA

Uma organização pode facilmente avaliar se as suas ações de comunicação dão o retorno esperado junto ao público-alvo fazendo pesquisas sobre o grau de conhecimento da empresa e das atitudes em relação a ela. O pior resultado possível ocorre quando a empresa gasta grandes somas em propaganda de sua marca e de seus produtos apenas para descobrir que grande parte do público-alvo nunca ouviu falar da empresa. Ou sabe muito pouco dela, além de seu nome e, possivelmente, sua área de atuação. Menos ruim, mas ainda preocupante, é quando os clientes sabem menos do que o desejável ou, mesmo, têm idéias equivocadas sobre a empresa.

SUA MARCA SE PARECE COM AS DEMAIS

Mesmo quando uma empresa descobre que seus clientes têm uma noção razoável do que ela vende, poderá descobrir que esse grupo não percebe grandes diferenças entre os produtos da sua empresa e os da concorrência. Pergunte aos clientes: "Se todas as marcas tivessem o mesmo preço, qual você compraria?". Se eles responderem "Qualquer uma" ou "Não tenho preferência" será péssimo. Ou você poderá pedir: "Descreva as diferenças entre as marcas" e eles serão incapazes de fazê-lo.

A ALOCAÇÃO DE RECURSOS É PRATICAMENTE IGUAL TODOS OS ANOS

Quando examinamos os orçamentos da área de comunicação e de suas principais ferramentas (propaganda, promoção de vendas, relações públicas, mala direta e e-mail) é provável que cheguemos à conclusão de que a proporção da distribuição se manteve igual ao longo dos anos. Uma das explicações é que a divisão do orçamento inicial levou à formação de um quadro de empregados de relações e de expectativas que tendem a se repetir. Contudo, sabemos que a produtividade de diferentes meios de comunicação e canais muda com o tempo. Se a empresa não fizer os ajustes necessários, a produtividade de marketing tende a declinar.

SUA EMPRESA NÃO AVALIA O IMPACTO FINANCEIRO DOS INVESTIMENTOS

Os profissionais de marketing tendem a pensar em resultados de vendas em vez de lucros. Mesmo quando arriscam uma estimativa de vendas associada a algum gasto de marketing, o fazem com alguma hesitação e geralmente estabelecem uma faixa aproximada em vez de um número preciso. E estimar o impacto do lucro implica em um conhecimento mais aprofundado de finanças, capacitação que os profissionais de marketing, geralmente, não detêm.

É que o marketing tende a atrair profissionais que gostam de lidar com o mundo das pessoas e não dos números. Se alguém gosta de matemática, provavelmente acabará trabalhando em finanças ou contabilidade. Um outro problema é que as projeções financeiras para os gastos de marketing são mais difíceis de dimensionar do que para bens de capital e outros.

Soluções

- Melhore as suas estratégias de construção de marcas e as medições de resultados.
- Redirecione investimentos para os instrumentos de marketing que demonstrem uma eficácia crescente.
- Desenvolva uma mentalidade financeira nos profissionais de marketing e exija que estimem o impacto do ROI antes de gastar seus recursos.

MELHORE SUAS ESTRATÉGIAS DE CONSTRUÇÃO DE MARCAS E MEÇA O IMPACTO NO SEU *BRAND EQUITY*

Todas as empresas querem construir marcas fortes. A Interbrand Corporation utiliza uma metodologia para a valoração do *brand equity* que aponta a Coca-Cola como a marca mais valiosa do mundo: US$70 bilhões em 2003, sem contar os ativos físicos.[1] A marca Coca-Cola é seguida por outras nove líderes globais: Microsoft (US$65 bilhões), IBM (US$52 bilhões), GE (US$42 bilhões), Intel (US$31 bilhões), Nokia (US$29 bilhões), Disney (US$28 bilhões), McDonald's (US$25 bilhões), Marlboro (US$22 bilhões) e Mercedes (US$21 bilhões).

Embora a Interbrand explique como chega a esses resultados, o Professor Tim Ambler e outros questionam essa e outras metodologias de avaliação de *brand equity*.[2] Não se pode realmente chegar a um valor preciso do *brand equity* até que haja compradores dispostos a pagar pela compra de uma determinada marca. E haverá uma grande variação nas propostas dos interessados. Ainda assim, após a marca ter sido comprada alguém poderá afirmar que o preço pago foi, digamos, quatro vezes maior que o estimado, como se isso fosse uma avaliação precisa.

Em vez de atribuir um valor estimado para a marca, Ambler acredita que melhor seria monitorar indicadores específicos que acompanhariam o *brand equity*. Se a marca tem um preço premium melhor que o do ano anterior seria um bom sinal. Outros sinais positivos seriam aumento de *market share* ou a declaração pelo público-alvo de que percebe um crescente valor na compra e utilização da marca em relação à concorrência. Cada empresa precisa estabelecer métodos de aferição que indiquem o aumento ou redução do *brand equity*.

Como as empresas podem fortalecer o seu *brand equity*? Há uma crença generalizada dos profissionais de marketing de que propaganda é a palavra mágica. Afinal, ela é planejada para criar *awareness*, conhecimento, interesse e, assim se espera, preferência. Contudo, a marca deve ser construída por muitos instrumentos de comunicação, pela qualidade do produto, sua embalagem, confiabilidade do processo de entrega, faturamento e muitos outros fatores. Entre as ferramentas de comunicação que podem criar uma imagem da marca – positiva ou negativa – estão vendedores, feiras e exposições, ações de responsabilidade social e, principalmente, o boca a boca de clientes, concorrentes e formadores de opinião.

Em muitos casos, a propaganda teve muito pouco a ver com o êxito das empresas: em seus primeiros tempos, o McDonald's se apoiava em ações de relações públicas; Starbucks e Wal-Mart no boca a boca.

O fato é que a marca evoca um conjunto de expectativas. O *brand equity* é o resultado de como essas expectativas do cliente são atendidas. Quanto maiores a satisfação e o valor percebido do produto, maior o *brand equity*.

CANALIZE RECURSOS PARA INSTRUMENTOS DE MARKETING DE MAIOR EFICÁCIA

Ao longo do tempo a relação custo/eficácia das ferramentas de marketing se modifica. Quando os comerciais de televisão surgiram eram, para alguns produtos, consideravelmente mais eficazes que os spots de rádio. Anunciar em televisão era uma ação muito eficaz no período dos anos 60 até meados da década de 1980. Em 2002, Al e Laura Ries lançaram um livro com o desafiador título de *A queda da propaganda*. Se os autores estiverem com a razão, as empresas devem remanejar uma parcela maior de seus recursos para RP.

Também notamos que o telemarketing manteve-se em ascensão desde os anos 90 até o começo deste século demonstrando crescente eficácia. Contudo, em julho de 2003, o governo dos Estados Unidos aprovou uma lei dando aos consumidores o direito de não receberem chamadas de empresas de telemarketing e estabelecendo multa de US$11 mil para os recalcitrantes.

Se a relação custo/eficácia das ferramentas de marketing muda ao logo dos anos, por que tantas empresas insistem em manter a alocação de seus recursos orçamentários inalterada? Seria preguiça, incredulidade ou incompetência? Obviamente, esse é um flagrante desperdício de recursos.

Examinemos a mudança da eficácia de algumas das principais ferramentas de marketing.

Propaganda

"Metade do que eu gasto com propaganda é desperdiçado. O problema é que não sei qual metade." Este adágio cunhado há anos por John Wanamaker* ainda está valendo, especialmente

---

**Nota do Tradutor*: Inovador homem de negócios americano, criador da primeira loja de departamentos do mundo, em 1896.

no que diz respeito à propaganda de massa. Será que a Coca-Cola tem necessidade de colocar mais um anúncio mostrando a sua garrafa na quarta capa de uma revista, ao custo de US$80 mil, quando se sabe que quase todo mundo já conhece o produto e que dificilmente alguém prestará atenção? E se o anúncio for colocado? Ele não traz nenhuma informação nova ou benefício. E será que as mulheres se lembram de um comercial de 30 segundos para um novo creme de beleza que foi veiculado no meio de outros cinco igualmente rápidos?

Quase todas as empresas gastam dinheiro assim, porque como sempre agiram dessa forma acreditam ser muito arriscado proceder de forma diferente. Na visão corporativa, gastar com anúncios caros é uma forma de garantir que a empresa será lembrada mesmo se não tiver nada de novo para dizer ou dizer de modo diferente. A verdadeira questão que deveria preocupar as empresas é se a mesma quantia gasta em propaganda não traria melhores resultados se fosse empregada na melhoria do produto, nos serviços ao cliente ou no aprimoramento da logística. Lembre-se de que propaganda é um custo pelo qual os clientes pagam e, talvez, muitos deles preferissem pagar menos. Se levarmos em consideração que cada automóvel da General Motors consome em média US$3 mil em custos de propaganda, quantos carros a mais a empresa poderia comercializar se reduzisse os seus preços em valor equivalente?

Algumas campanhas de propaganda são, de fato, eficazes e contribuem para o aumento das vendas. Ninguém ficaria tão animado a pagar um preço tão mais alto pela Vodka Absolut (em comparação ao da Vodka Smirnoff) se não fosse pela brilhante campanha da primeira. Mas quantas campanhas de propaganda são brilhantes? Na verdade, alguns anúncios são tão difíceis de decifrar que ficamos sem saber o que querem dizer.

E por que há tantas campanhas apenas medianas? Pergunte à agência e ela jogará a culpa no gerente de marcas que não quer arriscar e, portanto, recusa os anúncios mais ousados e aprova os mais seguros. Se interpelado, o gerente de marcas dirá que a agência não apresentou nenhuma idéia criativa.

Meu conselho aos gerentes de marcas é pedir à agência três idéias diferentes de campanha: uma conservadora, uma média e outra ousada. Uma opção ainda melhor seria que a empresa não se limitasse a contratar apenas uma agência, mas várias que concorreriam entre si para apresentar grandes idéias.

Os anúncios funcionam melhor quando são programados para veículos que atinjam o público-alvo. Descubra revistas lidas por pescadores, motociclistas, hobbistas, engenheiros mecânicos... Faça propaganda de produtos de interesse para esse público e seus anúncios serão lidos. Quando os anúncios incluem um cartão-resposta para maiores informações ou para a colocação de pedidos, aferir o ROI fica muito mais fácil.

A medição do impacto financeiro da propaganda pode ser mais diretamente monitorada com campanhas de marketing direto, porque é possível acompanhar o número de pedidos resultantes de uma ação específica que teve um custo determinado.

Promoção de vendas

As promoções de vendas geralmente não são lucrativas! Um grande estudo a esse respeito concluiu que apenas 17% dão lucro. A pior promoção de vendas é aquela em que nenhum consumidor novo experimenta o produto. Somente os usuários atuais acabam comprando o produto a preços de liquidação. É o mesmo que subsidiar os consumidores atuais, o que faz com que comprem mais produtos no presente e menos no futuro.

A segunda pior situação é quando a promoção atrai novos consumidores, mas só os que compram por preço. Eles nunca se mantêm fiéis a marcas. A empresa obtém vendas incrementais, mas apenas no período da promoção.

As melhores promoções de vendas acontecem quando a campanha atrai grande número de novos consumidores que percebem a marca como superior e passam a preferi-la. Isso só acontece quando a marca é superior às demais, e no entanto, por alguma razão, continuava desconhecida. Nesses casos, é recomendável que a empresa distribua amostras e não dependa apenas de promoções de vendas como estímulo.

É freqüente gerentes de marcas neófitos organizarem ações promocionais que passam longe do que se poderia chamar de promoção eficaz. Para corrigir o problema é recomendável que gerentes com experiência nessa atividade orientem os colegas e analisem os resultados de cada iniciativa para aprender qual funciona melhor. Uma alternativa é a contratação de uma agência especializada em promoções que poderá recomendar as melhores opções para cada caso.

Relações públicas

Há um crescente entendimento de que a atividade de relações públicas, durante muito tempo tratada como órfã no mix promocional, merece ser usada com mais intensidade. RP é a melhor ferramenta de construção de audiência particularmente quando se trata de produtos de alta tecnologia, pois o público prefere ouvir opiniões de profissionais independentes antes de escolher uma marca. O fabricante desses produtos deveria primeiramente identificar formadores de opinião – pessoas-chave, como experts, colunistas etc. – que escrevam críticas e comentem novos produtos. Por exemplo, Walter S. Mossberg, do *Wall Street Journal* assina uma influente coluna sobre os novos lançamentos do mercado. Muitos consumidores levam em consideração os pontos de vista ali expostos antes da compra.

Vejamos como a Volvo lançou no mercado o seu novo SUV* lançando mão, em um primeiro momento, de RP e não de propaganda.

Em vez de desencadear uma dispendiosa campanha de propaganda para lançar o seu novo SUV, o XC90, a Volvo preferiu investir em ações de RP. Seus profissionais de marketing identificaram jornalistas-chave e os convidaram a participar, desde o início, do processo de desenvolvimento do veículo. Mais tarde, esses jornalistas tiveram o privilégio de examinar o produto final junto com designers, engenheiros e experts em segurança. Os jornalistas fizeram test drives e escreveram muitas matérias que atingiram importantes formadores de opinião. Isso criou um enorme boca a boca que resultou na pré-venda de 7.500 veículos e deu à Volvo os prêmios de SUV do Ano, da revista Motor Trend *e, também, o de "Veículo Off-Road Norte-Americano do Ano". Tudo isso antes que se gastasse qualquer dinheiro em propaganda.*

Marketing direto

As empresas que são capazes de vender diretamente para seus clientes e prospects detêm vantagem considerável. Não precisam pagar comissão para intermediários e nem perdem de vista quem está realmente comprando seus produtos. Não é necessário abastecer os estoques de intermediários, pois a produção é dimensionada de acordo com os pedidos que chegam.

A Dell Computer se tornou o maior fabricante mundial de computadores pessoais realizando vendas diretas. Inicialmente a

---

**Nota do Tradutor*: *Sport Utility Vehicle* – veículo para cidade e campo do tipo Mitsubishi Pajero ou GM Blazer.

empresa aceitava pedidos pelo telefone, mas hoje praticamente 90% dos negócios são feitos online. Os clientes especificam as características desejadas e informam os dados do cartão de crédito. De imediato, os componentes necessários são encomendados aos fornecedores. Em poucos dias, o computador é montado e remetido ao cliente. Enquanto isso, a Dell recebe o pagamento à vista, mas não paga os fornecedores antes de 60 dias. Ou seja, além de ganhar no preço tem lucro financeiro. A Dell inspirou muitas empresas a "produzir para pedidos" e não "para estoque".

EXIJA DOS PROFISSIONAIS DE MARKETING A ELABORAÇÃO DE ESTIMATIVAS DO IMPACTO FINANCEIRO DE SUAS SOLICITAÇÕES DE GASTOS

A administração superior das empresas começa a se impacientar com os profissionais de marketing que não lhes preparam estimativas do impacto financeiro dos gastos planejados. Além disso, não fornecem nem mesmo os impactos decorrentes das ações já implementadas.

Na Coca-Cola, a alta administração está começando a insistir para que essas estimativas do antes e do depois sejam providenciadas. Os executivos sabem que os profissionais de marketing estão "chutando", mas esperam que o chute tenha, pelo menos, algum fundamento. A verdadeira intenção da Coca-Cola é criar uma mentalidade financeira pretendendo que seus profissionais de marketing estejam familiarizados com margens, ativos, *turnover*, ROI, valor agregado e valor para o acionista. Quanto mais o pessoal do marketing pensar em termos financeiros, melhor será o seu diálogo com a área de finanças.

Notas

1. "Brands in an Age of Anti-Americanism", *Business Week*, 4 de agosto de 2003, pp. 69-78.
2. Tim Ambler, *Marketing and the Bottom Line*, 2ª ed. (Londres: FT Prentice Hall, 2003).
3. Al Ries e Laura Ries, *A queda da propaganda* (Rio de Janeiro: Elsevier Editora, 2002).

Capítulo 9

Sua empresa não está bem organizada para a prática eficiente e eficaz do marketing

Sinais

- O trabalho do responsável pela área de marketing não parece muito eficaz.
- A equipe carece de algumas capacitações de marketing essenciais no século XXI.
- Há desentendimentos entre as áreas de marketing e vendas e demais departamentos da empresa.

O TRABALHO DO RESPONSÁVEL PELA ÁREA DE MARKETING NÃO PARECE MUITO EFICAZ

Um CMO (Chief Marketing Officer) eficaz tem três tarefas. A primeira é administrar bem o departamento de marketing contratando uma equipe competente, estabelecendo altos padrões para o planejamento e a implementação das ações. Deve ainda melhorar as capacitações em pesquisas de mercado dos empregados, fazendo previsões e administrando a comunicação. A segunda é ganhar a confiança dos dirigentes de outros departamentos – finanças, operações, compras, tecnologia da informação etc. – e convencer a organização como um todo a servir e satisfazer os clientes. A terceira é trabalhar em harmonia com o CEO e atender às suas expectativas em termos de crescimento e lucratividade.

Poucos CMOs são competentes nessas três premissas. Alguns o são em duas delas e a maioria em nenhuma. Nesse último caso, talvez seja melhor contratar outro profissional.

O DEPARTAMENTO DE MARKETING CARECE DE CAPACITAÇÕES ATUALIZADAS

Os departamentos de marketing tradicionalmente dominam quatro técnicas: pesquisa de mercado, propaganda, promoção de vendas e administração de vendas. Essas são disciplinas estabelecidas e que já mereceram inúmeros livros. Apesar disso, alguns desses departamentos não conseguem se sair bem nem mesmo nas atividades básicas. Então o que dizer das novas disciplinas que devem ser assimiladas como parte dos desafios do marketing no século XXI?

RELAÇÕES TORTUOSAS ENTRE O MARKETING E OS DEMAIS DEPARTAMENTOS

Com algumas entrevistas apenas seria possível estabelecer se o marketing é respeitado ou não pelos demais departamentos da empresa que, normalmente reclamam de várias ações implementadas pela área. Em compensação, o pessoal do marketing apontará várias falhas e desentendimentos no seu relacionamento com as outros setores.

Soluções

- Nomeie um líder forte para comandar o marketing.
- Desenvolva novas capacitações no departamento de marketing.
- Melhore o relacionamento entre o marketing e os outros departamentos.

NOMEIE UM LÍDER MAIS FORTE PARA COMANDAR O MARKETING

Vice-presidentes de marketing têm formações diversas: propaganda, vendas, novos produtos e, às vezes, engenharia ou finanças. Consigo esses executivos trazem seus preconceitos. A esperança é que tenham uma visão mais holística dos princípios, ferramentas e processos do marketing e estabeleçam um bom equilíbrio desses fatores.

O desafio do CMO é ganhar o respeito do CEO, dos vários gerentes de departamento e dos empregados da empresa. Isso ocorrerá no caso das previsões do marketing serem razoavelmente precisas e das despesas da área serem monitoradas em termos de contribuição para o ROI e outras medições financeiras.

Herb Kelleher, o brilhante co-fundador da Southwest Airlines chegou a renomear o departamento de marketing: "Nós não temos um Departamento de Marketing e sim um Departamento de Clientes". Nas palavras de um executivo da Ford: "Se não formos orientados pelo cliente nossos automóveis tampouco o serão".

DESENVOLVA NOVAS CAPACITAÇÕES NO DEPARTAMENTO DE MARKETING

O ambiente do marketing hoje é mais desafiador do que nunca, com um assombroso excesso de produtos no mercado, hiperconcorrência e margens decrescentes. Os profissionais de marketing precisam experimentar novas iniciativas e adquirir novas capacitações listadas no quadro a seguir.

Posicionamento

Em 1982, Al Ries e Jack Trout lançaram o conceito, hoje central no marketing, de posicionamento de marca.[1] Os especialistas afirmavam que cada marca deveria ser *proprietária de uma palavra ou expressão*: A Volvo é dona de "segurança", a BMW de "performance ao dirigir" e o Tide de "Limpa mais limpo". Eles argumentam que nenhuma marca deveria ser lançada no mercado como imitadora das outras (*me-too*). Uma nova marca deveria oferecer um novo e importante benefício, criando, portanto, uma nova categoria. Nunca seja o segundo em uma categoria existente. Seja o primeiro em uma nova categoria.

Novas capacitações em marketing

- Posicionamento
- Gerenciamento dos ativos de marca
- Marketing de relacionamento (CRM) e database marketing
- Marketing de parcerias (PRM)*
- Centro de atendimento ao cliente
- Internet marketing
- Marketing de relações públicas
- Marketing de serviços e experiencial
- Comunicação integrada de marketing
- Análise de lucratividade
- Capacitações orientadoras de mercado

O conceito de posicionamento evoluiu mais um pouco quando Michael Treacy e Fred Wiersema escreveram *The Discipline of Market Leaders*.[2] Os autores estabeleceram uma distinção entre três posicionamentos básicos: liderança de produto, excelência operacional e intimidade com o cliente. Uma empresa pode optar pelo primeiro assumindo sempre a liderança em melhoramentos da qualidade e performance do produto. Outra empresa poderia optar pelo segundo posicionamento tendo uma performance excepcional em gerenciamento de custos e confiabilidade de serviços. Uma terceira empresa poderia alegar saber mais sobre as necessidades de cada um de seus clientes e ajustar as suas ofertas adequadamente. No negócio aeroespacial, a GE assume a posição de líder de produto. No negócio de fastfood, o McDo-

**Nota do Tradutor:* Partner Relationship Marketing.

nald's reivindica para si "excelência operacional" enquanto o Burger King, "intimidade com o cliente" (ou "Peça do Jeito que Você Gosta"*).

Treacy e Wieserma sustentam que, normalmente, uma empresa não poderia se destacar em todos os três posicionamentos, primeiro porque isso sairia caro demais e, depois, porque os posicionamentos são contraditórios entre si. Assim, se o McDonald's quisesse ter ao mesmo tempo excelência operacional e intimidade com o cliente haveria conflitos: os clientes que quisessem um hambúrguer feito de maneira diferente estariam diminuindo a eficiência do processo de preparação, baseado na padronização.

Portanto, a mensagem de Treacy e Wiersema é que a empresa lidere uma dessas três vertentes de posicionamento e atue na média de mercado nas outras duas. Jamais caia abaixo da média! Os clientes poderão querer comprar da empresa que exerce a liderança de produto, mas a abandonarão se ela não for confiável ou se resistir a modificar as suas ofertas.

Há pouco tempo, Crawford e Mathews propuseram uma outra fórmula de posicionamento. As empresas estariam posicionadas de acordo com um destes cinco atributos: *produto, preço, facilidade de acesso, serviço de valor agregado e experiência do cliente.*[3] De acordo com essa visão, a empresa obterá mais lucros se, além de ser dominante em um desses atributos, estiver acima da média (se diferenciar) em um segundo atributo e ficar na média da indústria nos outros três. Crawford e Mathews alertam que seria muito caro se destacar em todos os cinco atributos. Como exemplo, citam a Wal-Mart que domina em preços baixos, está acima da média em variedade de ofertas e na média em facilidade de acesso, serviços de valor agregado e experiência do cliente.

**Nota do Tradutor*: "Have It Your Way", slogan da empresa nos Estados Unidos.

Obviamente, outras idéias surgirão sobre esse tema. Minha observação é que existe um excesso de marcas mal posicionadas, parecidas com as da concorrência, e que se beneficiariam da técnica de posicionamento.

Gerenciamento do ativo de marcas

O gerenciamento do ativo de marcas está intimamente relacionado ao posicionamento. Algumas marcas são tão centrais para a performance atual e futura de uma empresa que precisam ser gerenciadas, fortalecidas e protegidas como um ativo. Marcas como Coca-Cola, Sony, Intel e Disney podem ser estendidas em novos produtos, variantes de produto e serviços. E alguém deve ficar encarregado de policiar o uso dessas marcas "superstars". Nenhuma das donas dessas marcas pode permitir que um produto barato ou vagabundo possa ser lançado com sua chancela. A Disney não pode se arriscar a operar lojas ou hotéis sofríveis. A Coca-Cola não pode dar o seu nome a um detergente ou a um parque temático. Essas marcas estão bem posicionadas e desvios de seu núcleo não devem ser permitidos.

Marketing de relacionamento (CRM) e database marketing

As empresas poderão aumentar a precisão de suas ações dirigidas ao público-alvo se coletarem informações individuais sobre seus clientes. Construindo um banco de dados (*database*) sobre os seus clientes – contendo transações anteriores, dados demográficos e psicográficos e outras informações – a empresa ficará em uma situação muito melhor para oferecer os produtos certos ao seu público. Além disso, estatísticos habilidosos poderão pesquisar essa informação (*data mining*) para identificar novos segmentos e tendências que apontem para novas oportunidades. O database dos clientes poderá ser acessado por gerentes para a elaboração de planos de marketing, merchandising, desenvolvimento de produtos, premiação de clientes, gerenciamento de canais, análise de vendas e promoções e vendas cruzadas. A capacitação em marketing de relacionamento (CRM) está sendo rapidamente adotada nos departamentos de marketing para criar vantagem competitiva sobre as empresas que atuam com um nível menos refinado de análise.

Marketing de parcerias (PRM)

A capacidade de estabelecer parcerias se torna cada vez mais crítica à medida que cresce a quantidade de organizações que desenvolvem um maior número de suas atividades em parceria com outras empresas. A produtividade dos associados depende do seu grau de satisfação com os termos do relacionamento e das oportunidades que surgirão do trabalho conjunto. É necessário que a empresa monitore atentamente a temperatura das relações com cada grande parceiro e tome medidas imediatas a qualquer sinal de insatisfação ou distanciamento. A empresa deve designar um profissional para gerenciar as relações com fornecedores e outro para fazer o mesmo junto a distribuidores, de forma muito semelhante ao trabalho do departamento de recursos humanos com os empregados. Além disso, profissionais especialmente designados deverão gerenciar cada parceiro importante e desenvolver um plano para fortalecer mutuamente os laços e a performance.

Centro de atendimento ao cliente

Uma empresa necessita consolidar suas atividades de alcançar, escutar e aprender sobre clientes por meio do que se costuma chamar de *centro de atendimento ao cliente* (ou *centro de interação com o cliente*). Originalmente esse centro era o sistema telefônico pelo qual se recebiam chamadas e que também funcionava para telemarketing. Hoje, as empresas precisam integrar todas as informações oriundas de "pontos de contato com o cliente" como telefone, correspondência convencional, e-mail, faxes e visitas ao ponto-de-venda. Assim, é possível compilar informações completas, com uma visão de 360° sobre cada cliente.

> *Um exemplo da falta de integração dos serviços de informação sobre clientes foi a mim relatado por um CEO de uma grande empresa que recebeu uma carta de cobrança do seu banco acusando a falta de pagamento de um empréstimo. O CEO era bem conhecido pelo pessoal da área comercial do banco, mas não pelos funcionários da divisão de empréstimos pessoais. Aparentemente, a esposa do CEO se esquecera de pagar uma prestação no mês anterior. O CEO mudou de banco como pessoa física e jurídica.*

As linhas telefônicas de uma empresa assumem um papel cada dia mais crítico no bom atendimento dos clientes. O consumidor deve ser capaz de entrar em contato com a empresa para dirimir dúvidas, fazer pedidos ou reclamações. Responder adequadamente às perguntas, anotar os pedidos com precisão e resolver problemas rapidamente são capacitações importantes. Cada chamada poderá acrescentar importantes informações ao cadastro do cliente ou poderá abrir caminho para uma venda.

O telefone também é importante em ações de telemarketing. Há muito planejamento por trás do acesso a uma lista telefônica de prospects, incluindo o conhecimento do horário em que a ligação deve ser feita e o que deve ser dito. Uma empresa poderá avaliar imediatamente a eficácia do seu serviço de telemarketing pela taxa de retorno dessa operação.

Essa atividade é tão importante que algumas organizações a terceirizaram contratando empresas especializadas. No Japão, a Sony, Sharp e Toshiba, entre outras, contrataram a Bell 24, uma das maiores empresas desse ramo.

Um dos aspectos negativos das operações telefônicas é o excesso de automação do sistema de atendimento. O cliente é instruído sobre as diversas opções, escolhe uma e descobre um outro leque de opções. E assim por diante, sem nenhuma chance de falar ao vivo com uma operadora. Isso pode resultar na perda de uma oportunidade ou até mesmo do cliente. Uma opção útil seria informar ao cliente que ele poderá contatar uma operadora a qualquer momento se apertar, por exemplo, a tecla zero.

Internet marketing

Praticamente, todas as empresas criaram o seu próprio site, onde o visitante poderá descobrir tudo sobre a empresa: linha de produtos, história, filosofia de negócios, oportunidades de trabalho e notícias recentes. Algumas vão mais longe e utilizam o site como um canal de vendas, como a Dell Computer, Amazon, W.W. Grainger e inúmeras outras.

Mas existem muitas aplicações adicionais da Internet que a maioria das empresas ainda não explora: pesquisa de mercado, inteligência competitiva, testes de produtos e conceitos, distribuição de cupons e de amostras, padronização de produtos e treinamento de empregados e revendedores. A chave desse processo é a contratação de experts em Internet que saibam como explorar essas possibilidades.

Marketing de relações públicas

A atividade de relações públicas, que durante muito tempo foi um acessório do mix promocional, agora está passando a ter maior proeminência. Há alguns anos, Tom Harris escreveu um livro intitulado *A Marketer's Guide to Public Relations* que ressaltava como o sucesso de muitos produtos deveria ser creditado a inteligentes campanhas de RP e não à propaganda.[4] Tom era um dos sócios da Golin-Harris, responsável pela atividade de RP do McDonald's nos modestos primeiros anos da rede. De muitas maneiras, o McDonald's é um sucesso de relações públicas com seus hospitais para crianças, playgrounds, contribuições para instituições de caridade, patrocínios e os Arcos Dourados.*

Empresas de alta tecnologia logo descobriram que ações de RP são instrumentos fundamentais para a disseminação de informações sobre novos produtos, que são apresentados a formadores de opinião na esperança de que gerem recomendações positivas. Os departamentos de RP dessas empresas cultivam o hábito de atrair a atenção da imprensa para fazer circular matérias positivas sobre novos produtos, além de criarem eventos e patrocínios de grande visibilidade.

A mais recente defesa do RP é feita no novo livro e Al e Laura Ries, *A queda da propaganda*. Nele, os autores reposicionam as relações públicas como ferramenta de comunicação ideal para ser usada no início de um processo de lançamento comercial, ficando a propaganda para estágios posteriores.

A principal questão aqui é que as empresas necessitam acrescentar a capacitação em relações públicas ao seu departamento de marketing e abandonar a mentalidade de usar essa especialidade apenas ocasionalmente.

**Nota do Tradutor*: Referência ao formato da letra "M" na logomarca McDonald's, geralmente exibida em tamanho grande na frente de seus restaurantes.

Marketing de serviços e experiencial

Serviços excepcionais podem ser poderosos diferenciais na ausência de outros. Leonard Berry, um dos maiores experts em marketing de serviços, entrevistou pessoalmente várias empresas conhecidas pela alta qualidade de seus serviços – como The Container Store, Charles Schwab Corporation, Chick-fil-A, Custom Research, Enterprise Rent-A-Car e USAA* – em sua busca pela melhor compreensão daquela especialidade em marketing.[5] Berry listou as práticas que mais se destacaram:

- Liderança orientada por valores
- Foco estratégico
- Excelência de execução
- Controle de destino
- Relacionamentos baseados na confiança
- Investimento no sucesso dos empregados
- Comportar-se como se fosse pequena
- Zelo pela marca
- Generosidade

O marketing de serviços foi alçado a um novo patamar pelos trabalhos mais recentes sobre *marketing experiencial*. Joe Pine e James Gilmore acreditam que as empresas devem desenvolver capacitações na criação de *experiências* (no sentido de vivenciar) de marketing.[6] A idéia tem várias origens. Grandes restaurantes

---

**Nota do Tradutor*: The Container Store (especializada em embalagens e itens para a organização de casas e escritórios), Charles Schwab Corporation (consultoria financeira), Chick-fil-A (cadeia de fast-food que tem o frango como ingrediente básico), Custom Research (consultoria empresarial), Enterprise Rent-A-Car (locação de veículos) e USAA (seguros).

são conhecidos tanto pela "experiência do cliente" quanto por sua comida. Lugares como o Planet Hollywood e o Hard Rock Café foram especificamente concebidos para proporcionar uma experiência singular. A Starbucks cobra US$2 ou mais para proporcionar uma experiência de consumo de café em um cenário especial. Os hotéis de Las Vegas, no intuito de se diferenciar, simulam ambientes de Roma Antiga, Veneza ou Nova York. Mas o mestre da "experiência" é Walt Disney, que criou em seus parques simulações de faroeste, castelos de contos de fadas, navios pirata etc. O objetivo do marketing experiencial é acrescentar drama e entretenimento ao que, de outra forma, poderia ser confundido com uma diversão qualquer.

> *Assim, entramos na Niketown para comprar calçados adequados à prática de basquete e nos deparamos com uma foto de cinco metros de altura de Michael Jordan. Vamos até a quadra exis tente na loja para testar os calçados e verificar se eles nos auxiliam a marcar mais pontos. Ou entramos na REI, uma loja de equipamentos outdoor, e testamos nosso equipamento de alpinismo escalando uma parede; ou experimentamos uma capa de chuva entrando debaixo de uma simulação de tempestade. Ou entramos na Bass Pro para comprar uma vara de pescar e a testamos no tanque de peixes da loja.*

Todos os comerciantes oferecem serviços. O seu desafio é transformar o serviço em uma experiência memorável para o seu cliente.

Comunicação integrada de marketing

Entre as capacitações mais importantes em marketing estão a comunicação e promoções. Comunicação é o termo mais amplo e ocorre de forma planejada, ou não. O uniforme de um vendedor, um catálogo, a decoração do escritório... Todos esses itens comunicam algo e causam uma impressão no cliente. Isso explica o crescente interesse em Comunicação Integrada de Marketing (CIM).[7] As empresas precisam orquestrar um conjunto consistente das impressões emanadas de seus empregados, instalações e ações. Esse conjunto transmite o sentido e a promessa da marca para os diversos públicos. Tudo começa pela definição dos valores da organização e pela certeza de que eles são entendidos e praticados pelos empregados.

Análise de lucratividade

A maioria das empresas não tem noção de sua real lucratividade dividida por regiões geográficas, produtos, segmentos, clientes e canais. Com freqüência, supõem que seus lucros são proporcionais a seus volumes de vendas. Mas isso não leva em conta margens e custos diferentes para cada caso. Por exemplo, muitas empresas já não crêem que seu maior cliente seja o mais lucrativo. Grandes clientes geralmente exigem os menores preços e uma quantidade considerável de serviços. Alguns clientes de tamanho médio são mais lucrativos, levados em conta a taxa de retorno e o custo de atendê-los. Os departamentos de contabilidade das empresas, embora sempre prontos a conduzir profundas análises dos custos e variâncias de produção, não têm igual entusiasmo ou competência quando se trata de demonstrar os custos de várias ações de marketing e relacioná-los aos fluxos de receita. Assim, dois clientes que gastam a mesma quantia poderão render lucros diversos. Se um deles passa a maior parte do tempo ao telefone pedindo descontos, consumindo diversos outros serviços e atrasando o pagamento de faturas, será menos lucrativo que o outro que não se comporta dessa forma.

Felizmente, Robert Kaplan e Robin Cooper delinearam a abordagem correta da contabilidade de lucros com o ABC (Activity Based Costing) ou Custeio Baseado em Atividades.[8] Essa metodologia exige que os vendedores façam um relatório do tempo e dos gastos consumidos por cada cliente, um procedimento semelhante ao de advogados que cobram por hora.

Em suma, o marketing deverá incorporar as suas atividades aferições de lucros e outras capacitações de cunho financeiro para ampliar a sua *accountability* pela alocação de recursos em áreas geográficas, produtos, segmentos, clientes e canais.

Capacitações orientadoras de mercado

O marketing eficaz tem sido tradicionalmente definido pela frase "descubra necessidades e as atenda". Isso define uma *empresa orientada pelo mercado.* Mas com tantas necessidades sendo atualmente atendidas por inúmeros produtos, o desafio passou a ser inventar novas necessidades. Esse é o objetivo da *empresa orientadora de mercado.* Um líder visionário da Sony, Akio Morita colocou assim a questão: "Nosso plano é guiar o público para novos produtos em vez de perguntar o que ele quer. As pessoas não sabem o que é possível, mas nós, sim". E, de acordo com um executivo da 3M, "Nosso objetivo é levar os clientes aonde eles quiserem ir antes de *eles* saberem aonde querem ir".[9]

Empresas orientadoras de mercado são capazes de revolucionar suas indústrias ao criar uma *nova proposição de valor* e/ou um *novo sistema de negócio* que ofereça um salto em termos de benefícios e/ou uma redução no esforço/custo de aquisição. Muitas empresas concorrentes poderão imitar a nova proposição de valor, mas tenderão a ter menos sucesso copiando o sistema de negócio. As empresas orientadoras de mercado têm as seguintes características:[10]

- Guiam-se por uma visão e não por tradicionais pesquisas de mercado (FedEx, Body Shop, Swatch).
- Redesenham a segmentação da indústria (Southwest Airlines, Wal-Mart, SAP).
- Criam valor estabelecendo novas plataformas de preço (Southwest, Charles Schwab e Wal-Mart criaram menores preços; CNN, Starbucks e FedEx estabeleceram preços mais altos).
- Aumentam as vendas educando clientes (IKEA).
- Reconfigurando canais (FedEx, Southwest, Benetton).
- Usando propaganda boca a boca (Southwest, Club Med, Virgin).
- Superando as expectativas do cliente (FedEx, Home Depot, Southwest).

MELHORE O RELACIONAMENTO ENTRE O MARKETING E OS OUTROS DEPARTAMENTOS

Outra iniciativa para construir um departamento de marketing mais forte é melhorar as relações com todos os outros departamentos. Examinemos as relações listadas no quadro a seguir.

Marketing e vendas

Pode parecer surpreendente dizer que o marketing deva melhorar as suas relações com as vendas. Na maioria das empresas essas áreas são lideradas por vice-presidentes diferentes. O marketing normalmente cuida do planejamento de produto e de mercado, da política de preços, identificação de prospects e comunicação. O departamento de vendas é responsável por alcançar e desenvolver clientes e receber pedidos. Muitas áreas de atrito poderão surgir. O vice-presidente de vendas poderá pedir ao marketing que reduza os preços ou uma parcela maior do orçamento para contratar mais vendedores ou aumentar sua remuneração. O vice-presidente de marketing talvez prefira usar o dinheiro para reforçar a comunicação de construção de marca ou para atender à demanda de mercado e poderá justificar os preços mais altos como forma de pagar pelos custos de comunicação.

O relacionamento do marketing com outros departamentos

- Marketing e vendas
- Marketing, pesquisa e desenvolvimento e engenharia
- Marketing e fabricação
- Marketing e compras
- Marketing e contabilidade
- Marketing e finanças
- Marketing e logística

A questão central é se os dois vice-presidentes respeitam-se mutuamente e procuram estabelecer a melhor partilha dos recursos de marketing/vendas, objetivamente (e não politicamente). Isso reforça a necessidade de se desenvolver uma maior *accountability* para os gastos de marketing/vendas para que as discussões possam ser resolvidas com base em dados concretos sobre a eficácia das ações desenvolvidas.

Outras medidas também melhorarão o relacionamento entre o pessoal de marketing e de vendas. Primeiramente, a equipe responsável pelo processo de planejamento de marketing deverá ter representantes da área de vendas para que eles possam sempre externar os seus pontos de vista e "comprar" as idéias do plano. Segundo, o relacionamento será aprimorado se o pessoal de marketing sair de suas salas e acompanhar os vendedores em suas viagens, podendo assim ter contato com clientes e, portanto, passar a entender melhor vendedores e clientes. Os profissionais de marketing tomarão decisões melhores se considerarem os vendedores como seus clientes imediatos que também devem ser satisfeitos.

Marketing, pesquisa e desenvolvimento e engenharia

O único problema que pode surgir em relação à área de pesquisa e desenvolvimento é quando o marketing não é convidado a participar dos estágios iniciais de desenvolvimento de novos produtos. Ao conceber o design de novos produtos, cientistas e engenheiros farão diversas suposições em relação aos clientes e às forças de mercado sem que detenham dados suficientes. É possível que exagerem no design, o que resultaria em um preço final extremamente alto; ou poderão descrever o produto em uma linguagem excessivamente técnica, enfatizando as suas características em vez dos benefícios. Tudo isso pode ser melhorado se o marketing acompanhar de perto o trabalho de pesquisadores e engenheiros fornecendo orientações sobre os clientes com base em dados concretos.

Marketing e fabricação

O marketing freqüentemente interfere na uniformidade do processo de produção. Às vezes o marketing poderá planejar uma promoção especial que demandará um aumento do trabalho de fábrica e isso talvez signifique horas extras e aumento de custos. Ou poderá solicitar lotes menores de produto para mercados específicos, o que implicaria em reajustes de maquinário ou mudança de tintas.

Quem deverá prevalecer? A questão se resume a uma estimativa do aumento de receitas em comparação com o aumento decorrente dos custos. Se a solicitação do marketing resultar em maiores lucros, sua solicitação deve ser operacionalizada. Em caso de dúvidas, talvez seja melhor esperar até que se encontre uma fórmula efetivamente ganhadora.

Marketing e compras

O marketing constrói marcas que fazem promessas de qualidade. O departamento de compras tem de atender a essa demanda, embora seja tentado a reduzir custos. Se o departamento de compras selecionar produtos inferiores ou fornecedores menos ágeis, a promessa ao cliente não será cumprida. O marketing precisa estabelecer boas relações com o pessoal de compras para se certificar de que o padrão de qualidade será mantido.

Marketing e contabilidade

O marketing poderia ter uma série de preocupações sobre a contabilidade. Os contadores da empresa são os responsáveis pelo envio de faturas e pela cobrança de contas a receber. Se os clientes ligarem reclamando que as faturas estão inexatas ou difíceis de entender, a contabilidade responde com rapidez? Se os clientes atrasarem os seus pagamentos, a contabilidade lida com a situação cuidadosamente ou pressiona os devedores? Os contadores preparam estudos úteis sobre a lucratividade de regiões geográficas, produtos, segmentos de mercado, clientes e canais?

Marketing e finanças

A grande questão existente entre o marketing e o departamento de finanças diz respeito à *accountability* do marketing em relação aos impactos financeiros de seus gastos. Sem uma clara demonstração de que os recursos solicitados pelo marketing produzirão lucros mensuráveis, o departamento de finanças estará menos disposto a liberá-los. O departamento de finanças também é extremamente cuidadoso em relação à aceitação de novos clientes cujo crédito seja duvidoso. A equipe de vendas fica com a impressão de que os profissionais de finanças são excessivamente conservadores e que estão comprometendo as suas comissões ao rejeitar novos negócios.

Marketing e logística

Para conseguir fechar um negócio a equipe de vendas normalmente faz promessas relacionadas ao tempo de entrega. Atrasos dessa natureza podem fazer com que a empresa perca clientes. Algumas vezes a culpa pode ser do departamento de compras ou de fabricação. Em outras ocasiões a falha pode ser dos profissionais que cuidam dos estoques ou da remessa de pedidos. O marketing depende da performance confiável do pessoal que trabalha em logística.

Notas

1. Al Ries e Jack Trout, *Positioning: The Battle for Your Mind* (Nova York: Warner Books, 1982).
2. Michael Treacy e Fred Wiersema, *The Discipline of Market Leaders* (Reading, MA: Addison-Wesley, 1994).
3. Fred Crawford e Ryan Mathews, *The Mith of Excellence: Why Great Companies Never Try to Be the Best at Everything* (Nova York: Crown Business, 2001).
4. Thomas L. Harris, *The Marketer's Guide to Public Relations* (Nova York: John Wiley & Sons, 1991).

5. Leonard J. Berry, *Discovering the Soul of Service* (Nova York, Free Press, 1999).
6. B. Joseph Pine II e James H. Gilmore, *O espetáculo dos negócios* (Rio de Janeiro: Elsevier Editora, 1999).
7. Don E. Schultz, Stanley I. Tannenbaum e Robert F. Lauterborn, *Integrated Marketing Communications* (Lincolnwood, IL: NTC Business Books, 1993).
8. Robert S. Kaplan e Robin Cooper, *Cost & Effect: Using Integrated Cost Systems to Drive Profitability and Performance* (Boston: Harvard Business School Press, 1998).
9. Ver Gary Hamel e C.K. Prahalad, "Seeing the Future First", *Fortune*, 5 de setembro, 1994, pp. 64-70; Philip Kotler, *Kotler on Marketing* (Nova York: Free Press, 1999), pp. 20-24; e Anthony W. Ulrick, "Turn Customer Input Into Innovation", *Harvard Business Review*, janeiro 2002, pp. 91-97.
10. Nirmalya Kumar, Philip Kotler e Lisa Sheer, "Market Driving Companies", *European Management Journal*, abril 2000, pp. 129-142.

Capítulo 10

Sua empresa não usou ao máximo a tecnologia disponível

Sinais

- A empresa usa muito pouco a Internet.
- O sistema de automação de vendas da empresa está defasado.
- A empresa não utiliza qualquer instrumento de automação de mercado.
- O marketing não dispõe de modelos de suporte de decisões.
- O marketing necessita desenvolver painéis de controle.

USO INSUFICIENTE DA INTERNET

Muitas empresas pensam que estão usando a Internet simplesmente porque mantêm um Website e até mesmo vendem online. Contudo, isso representa apenas 10% das oportunidades oferecidas por esse canal.

O SISTEMA DE AUTOMAÇÃO DE VENDAS É DEFICIENTE

O pessoal de vendas normalmente usa um programa de computador para se lembrar de informações sobre seus clientes. Mas programas de computador são aperfeiçoados continuamente e precisam ser atualizados.

NÃO HÁ EXEMPLOS DE AUTOMAÇÃO DE MERCADO

Algumas decisões de marketing podem ser tomadas com mais facilidade ou com mais qualidade, se baseadas em um programa de computador em vez de no raciocínio humano. Apesar disso, pouquíssimas empresas utilizam automação em marketing.

POUCOS MODELOS DECISÓRIOS FORMAIS

A maior parte das decisões de marketing ainda é tomada intuitivamente. Contudo, a empresa poderá se beneficiar de decisões tomadas a partir da construção e do uso de modelos decisórios de marketing.

POUCO USO DE PAINÉIS DE CONTROLE DE MARKETING

A cada dia que passa o marketing se torna um jogo cujo vencedor é quem detém as informações de melhor qualidade. Informações podem ser codificadas e tornadas disponíveis para gerentes via *painéis de controle* exibidos em telas de computadores padrão. Os painéis de controle hoje utilizados são relativamente primitivos em relação ao que pode potencialmente ser feito.

Soluções

- Use mais a Internet.
- Melhore o sistema de automação de vendas.
- Aplique a automação de marketing a decisões de rotina.
- Desenvolva alguns modelos decisórios formais de marketing.
- Desenvolva painéis de controle de marketing.

EXPLORE A INTERNET

A Internet pode ter muito mais aplicações do que as que vêm sendo normalmente utilizadas pelas empresas. Eis algumas delas:

Um Website eficaz

O uso mais importante que o marketing pode fazer da Internet é estabelecer um Website atraente e eficaz que descreva a empresa, seus produtos, distribuidores, oportunidades de emprego e escritórios. Nem todos os Websites são fáceis de navegar ou eficazes. O tempo de download, às vezes, é excessivo em função de efeitos gráficos exagerados. A navegação para novas páginas ou para efetuar pagamentos de compras online pode ser confusa. A home page poderá não conter as informações que fariam os visitantes desejarem retornar, ou poderá não se diferenciar de outros sites, deixando de transmitir a personalidade da empresa.

É muito fácil analisar a eficácia do site de sua empresa. O principal grupo a ser pesquisado seria o constituído por seus clientes. Que experiência tiveram ao navegar o site e quais suas sugestões para melhorias? Outro modo de avaliar o site seria convidar experts no assunto e pedir suas opiniões e sugestões.

As empresas precisam descobrir como agregar valor aos seus sites a fim de atrair visitantes repetidamente. Por exemplo, a Sony usa o seu site www.PlayStation.com para construir relacionamentos com aficionados em videogames de todas as idades. O site oferece informações sobre os últimos lançamentos, notícias sobre eventos e promoções, orientações e suporte para jogos e até fóruns online para que os jogadores posam trocar dicas e informações.

Uma Intranet eficaz

Sua empresa precisa utilizar a intranet como um eficiente instrumento de comunicação interna. Os empregados devem ser capazes de se comunicar por e-mail e usar o mainframe para fazer download de documentos ou armazenar informações sobre vendas e outro relatórios.

Extranets eficazes

As empresas estão cada vez mais conectadas a seus principais fornecedores, distribuidores e revendedores. Estão usando a Internet como plataforma para essa conexão. Assim, uma empresa como a Ford pode enviar pedidos de peças a seus fornecedores sem o uso do telefone ou de documentos em papel. Pode remeter fundos ao banco do fornecedor em pagamento pelo que comprou; ou mandar informações diárias a seus revendedores com sugestões de vendas, mudanças de preços, busca de veículos etc. Em todos esses casos, as empresas economizam tempo e consideráveis recursos ao investir em conexões eletrônicas com fornecedores, distribuidores e revendedores-chave.

Treinamento online

Todas as empresas devem manter seus empregados atualizados sobre as últimas teorias, técnicas e acontecimentos a respeito do negócio. No passado, isso significava reunir o pessoal em um lugar central e ministrar um curso de vários dias de duração. Os custos de viagem e hospedagem eram altos, sem contar as perdas de produção e vendas. Graças à Internet, cursos de treinamento online, acessíveis por senha, estão hoje disponíveis para os empregados de quem é exigida a leitura do material e que serão submetidos a testes posteriores. Na IBM, por exemplo, 25% dos treinamentos de empregados é feito online, economizando milhões de dólares.

Recrutamento de empregados online

A Internet facilitou para as empresas a procura de talentos. Isso ocorre de duas maneiras. A empresa poderá colocar um anúncio de emprego em seu próprio site ou utilizar sites especializados, como o Monster.com.

E-Procurement

A maneira mais rápida de economizar dinheiro em compras é fazê-las online. As empresas podem utilizar a Internet para identificar novos fornecedores, comparar preços, participar de leilões de produtos novos ou usados em sites especializados ou anunciar as suas próprias necessidades e informar quando estiver aberta a ofertas. O *procurement* online reduz custos em função da menor necessidade de se transacionar com vendedores e à maior transparência dos preços disponíveis ao comprador.

Pesquisa de mercado online

A avenida de informações caracterizada pela Internet é uma benção para os pesquisadores de mercado. Uma empresa pode aprender muito sobre a concorrência criando um site para acumular todas as notícias sobre uma rival específica. Os pesquisadores poderão testar novos produtos, serviços ou idéias de comunicação organizando reuniões em grupo (*focus groups*) e painéis de consumidores e de revendedores online. A empresa poderá remeter ofertas diferenciadas para grupos semelhantes e medir a diferença de resposta. Ou poderá oferecer cupons ou amostras e verificar se a ação aumenta as vendas. Em suma, a Internet multiplica as capacitações de empresa em pesquisa de mercado.

Salas de conversa (chat rooms) online

Algumas empresas poderão querer somar salas de conversa online ao seu Website, no intuito de construir uma *comunidade de marca* onde aficcionados e clientes poderão trocar idéias e informações livremente. Funciona bem com empresas como a Apple Computer ou Harley Davidson, cujos clientes gostam de se encontrar e aprender uns com os outros. Contudo, salas de conversa online não são uma boa idéia para empresas que têm problemas no atendimento das necessidades de seus clientes, pois isso atrairia um grande volume de críticas desagradáveis. Essas empresas fariam melhor se monitorassem outras salas de conversa que falassem sobre o seu produto para aprender o que os consumidores estão dizendo.

MELHORE O SEU SISTEMA DE AUTOMAÇÃO DE VENDAS

Sua equipe de vendas deveria ter disponível o mais moderno sistema de automação de vendas. O sistema tornaria o grupo capaz de responder a qualquer pergunta durante uma visita ao escritório do cliente ou prospect, além de dar aos integrantes *empowerment* para tomar decisões em nome da organização. Assim, se um prospect mostrar interesse na proposta da empresa, mas disser que precisa da entrega em três dias, o vendedor poderá recorrer ao sistema de automação acessando a planilha de estoque e responder que a entrega poderá ser feita, na verdade, em dois dias. O prospect ficará satisfeito, mas hesitará: "Preciso de um preço melhor". O vendedor recorre ao sistema novamente e diz: "Como não quero perder o negócio, posso reduzir o preço em 2%, mas isso é o máximo que posso fazer". "Ótimo", diz o prospect, mas ainda tem dúvidas. "Não me agrada a cláusula de multa do quarto parágrafo do contrato. Ela deve ser modificada." O vendedor sugere então uma redação com a qual o prospect concorde. Finalmente o pedido é feito e o contrato assinado.

Em resumo, o sistema de automação de vendas permite aos vendedores acessar o conhecimento necessário para tomar decisões lucrativas em nome da empresa.

AUMENTE O USO DA AUTOMAÇÃO DE MARKETING

Várias decisões de rotina ligadas ao marketing podem ser mais adequadas – com melhores resultados e economizando homens-hora – se tomadas por programas de computador e não por empregados. O fato de que um software possa decidir melhor do que seres humanos é bem ilustrado pelo Deep Blue, da IBM, que derrotou o maior mestre vivo do xadrez, Gary Kasparov. Se é possível desenvolver um programa para lidar com um jogo tão complexo como o xadrez, certamente o mesmo poderá ser feito para tomar decisões de rotina na área de marketing. Eis dois exemplos:

1. As empresas de aviação devem vender o maior número possível de assentos antes de o avião decolar. Qualquer coisa que se faça para preencher um lugar que de outra forma ficaria vago diminui custos. Assim, as companhias aéreas usam um programa que administra uma *política de preços baseada em resultados*. O programa determina quando, antes do vôo, o preço da passagem deve ser reduzido e envia essa informação para agentes de viagem e clientes especiais. Uma empresa do tamanho da American Airlines prefere confiar em um programa de computador do que em diversos empregados dedicados full-time a modificar tarifas de passagens aéreas.
2. Escolher as posições onde serão colocadas as marcas em uma gôndola de supermercado é uma tarefa que poderá ser mais bem desempenhada por um programa de computador do que pela adivinhação. A Kraft gerencia a categoria de queijos em muitos pontos-de-venda e é capaz de determinar o melhor mix de marcas e suas respectivas posições na prateleira para lojas em bairros de baixa, média e alta renda.

No futuro, podemos esperar que as empresas aumentem os seus investimentos na automação das decisões de rotina do marketing.

DESENVOLVA MODELOS DE SUPORTE A DECISÕES

Desde os anos 60, especialistas em marketing da área acadêmica desenvolvem modelos de suporte a decisões. Eles são conhecidos por nomes como CALLPLAN, DETAILER, MEDIAC, PROMOTER etc.[1] Cada modelo lidava com uma área de decisão específica do marketing. Atualmente as empresas estão procurando criar os seus próprios *modelos para o mix de marketing* que combinam os efeitos individuais e coletivos de vendas e lucros de um mix de marketing. A empresa poderá obter ajuda para desenvolver esses e outros modelos de uma variedade de fornecedores de recursos de marketing como a Veridiem ou a Marketing Management Analytics.

DESENVOLVA PAINÉIS DE CONTROLE DE MARKETING

Quando dirigimos um automóvel, temos a ajuda dos instrumentos do painel. Imaginemos um avião decolando à noite, subindo a 10 mil metros e depois pousando tendo o painel de controle como único instrumento de orientação do piloto. A isso se chama *fly by wire*, ou seja, voar por instrumentos. É possível que uma empresa tenha também o seu vôo em direção a seus objetivos orientada por informações atualizadas no seu painel de controle?

Podemos identificar três tipos de painel de controle já colocados em uso:

1. *Painel de controle da performance do marketing.* Informa a posição atual da empresa em relação a seus objetivos.

Incluiriam dados atualizados sobre vendas, participação de mercado, custos e preços da empresa e de seus concorrentes. Luzes vermelhas indicariam metas não atingidas. O usuário poderia se aprofundar em qualquer desses resultados negativos para analisar o que estaria provocando o problema. Poderia descobrir que um dos três vendedores da área de Chicago ficou bem para trás em relação a suas metas. Isso seria uma indicação de que o vendedor precisaria ser contatado para que se soubesse qual foi o problema e se é possível corrigi-lo.

2. *Painel de controle do processo de marketing.* Orienta os usuários em relação à otimização do processo de marketing. Assim, um gerente de marca poderá desejar conduzir um teste de conceito. Ele digita essa expressão na tela e o computador mostra que o teste deverá ser conduzido em quatro etapas. Para cada uma um exemplo é dado, com dicas de como agir com maior eficiência. Em suma, foi colocado um mentor dentro da máquina para orientar gerentes de marca. Outros processos como testes de mercado, escolha de uma nova agência de propaganda etc., poderiam ser orientados por esse programa. A Procter & Gamble está codificando todos os seus processos dessa forma.

3. *Painel de controle de ferramentas de marketing.* Contém programas estatísticos que podem ser aplicados a conjuntos de dados para encontrar médias, desvios-padrão, tabulações cruzadas, análises de regressão, análises discriminatórias, análises fatoriais, análises de *cluster* etc. Um conjunto dos programas mais úteis está comercialmente disponível na companhia aérea SAS e em outras empresas.

Nota

1. Ver Philip Kotler, *Marketing Management*, 11ª edição (Upper Saddle River, NJ: Prentice-Hall, 2003), p. 141.

Conclusão

Os 10 mandamentos do marketing eficaz

A teoria do marketing é sólida, mas a sua prática deixa muito a desejar. Elaborei uma lista capital dos 10 pecados, deficiências, debilidades – ou como você os queira chamar – do marketing como é praticado hoje. Descrevi os principais sinais de cada pecado e propus soluções. A aplicação dessas soluções transformará esses pecados nos *10 mandamentos para a obtenção de alta produtividade e lucratividade no marketing*. Eles estão listados abaixo. Coloque-os em quadros e pendure-os nas paredes de seu escritório!

1. A empresa segmentará o mercado, escolherá os melhores segmentos e desenvolverá uma posição de força em cada um deles.

2. A empresa mapeará as necessidades, percepções, preferências e comportamentos dos clientes e, em seguida, motivará seus stakeholders a adquirir uma obsessão em atendê-los e satisfazê-los.

3. A empresa conhecerá os seus principais concorrentes, inclusive suas forças e fraquezas.

4. A empresa estabelecerá parcerias com seus stakeholders e os recompensará generosamente.

5. A empresa desenvolverá sistemas para a identificação e classificação de oportunidades e para a escolha das melhores.

6. A empresa deverá gerenciar um sistema de planejamento de marketing que a conduza à elaboração de planos, de curto e longo prazos, sensíveis ao ambiente de mercado.

7. A empresa deverá exercer um forte controle sobre o seu mix de produtos e serviços.

8. A empresa construirá marcas fortes utilizando as ferramentas de marketing que apresentarem a melhor relação de custos/eficácia.
9. A empresa construirá uma liderança de marketing e um espírito de equipe entre seus vários departamentos.
10. A empresa adquirirá tecnologia de modo contínuo para que possa manter a vantagem competitiva no mercado.

Índice

D

E

F

G

H

I

J

K

L

M

N

O

P

Q

R

S

T

U

V

W

Z

Do mesmo autor

Marketing de A a Z

256p.

ISBN 85-700-1165-9

Marketing em Ação

208p.

ISBN 85-352-0978-6

Marketing Lateral

200p.

ISBN 85-352-1382-1

Qual(is) o(s) conteúdo(s) de seu interesse?

Jurídico - ☐ Livros Profissionais ☐ Livros Universitários ☐ OAB ☐ Teoria Geral e Filosofia do Direito

Educação & Referência - ☐ Comportamento ☐ Desenvolvimento Sustentável ☐ Dicionários e Enciclopédias ☐ Divulgação Científica ☐ Educação Familiar
☐ Finanças Pessoais ☐ Idiomas ☐ Interesse Geral ☐ Motivação ☐ Qualidade de Vida ☐ Sociedade e Política

Negócios - ☐ Administração/Gestão Empresarial ☐ Biografias ☐ Carreira e Liderança Empresariais ☐ E-Business
☐ Estratégia ☐ Light Business ☐ Marketing/Vendas ☐ RH/Gestão de Pessoas ☐ Tecnologia

Concursos - ☐ Administração Pública e Orçamento ☐ Ciências ☐ Contabilidade ☐ Dicas e Técnicas de Estudo
☐ Informática ☐ Jurídico Exatas ☐ Língua Estrangeira ☐ Língua Portuguesa ☐ Outros

Universitário - ☐ Administração ☐ Ciências Políticas ☐ Computação ☐ Comunicação ☐ Economia ☐ Engenharia
☐ Estatística ☐ Finanças ☐ Física ☐ História ☐ Psicologia ☐ Relações Internacionais ☐ Turismo

Áreas da Saúde - ☐ Anestesia ☐ Bioética ☐ Cardiologia ☐ Ciências Básicas ☐ Cirurgia ☐ Cirurgia Plástica ☐ Cirurgia Vascular e Endovascular
☐ Dermatologia ☐ Ecocardiologia ☐ Eletrocardiologia ☐ Emergência ☐ Enfermagem ☐ Fisioterapia ☐ Genética Médica
☐ Ginecologia e Obstetrícia ☐ Imunologia Clínica ☐ Medicina Baseada em Evidências ☐ Neurologia ☐ Odontologia ☐ Oftalmologia
☐ Ortopedia ☐ Pediatria ☐ Radiologia ☐ Terapia Intensiva ☐ Urologia ☐ Veterinária

Outras Áreas - ____

Tem algum comentário sobre este livro que deseja compartilhar conosco?

____

* A informação que você está fornecendo será usada apenas pela Elsevier e não será vendida, alugada ou distribuída por terceiros sem permissão preliminar.
* Para obter mais informações sobre nossos catálogos e livros por favor acesse **www.elsevier.com.br** ou ligue para **0800 026 53 40.**

Este livro foi impresso nas oficinas gráficas da
Editora Vozes Ltda.,
Rua Frei Luís, 100 — Petrópolis, RJ,
com filmes e papel fornecidos pelo editor.